*Cómo santa Teresa me acompañó al sufismo*

*Mardía Herrero*

# CÓMO SANTA TERESA ME ACOMPAÑÓ AL SUFISMO

PRÓLOGO DE PABLO D'ORS

FRAGMENTA EDITORIAL

Publicado por FRAGMENTA EDITORIAL
Plaça del Nord, 4
08024 Barcelona
www.fragmenta.es
fragmenta@fragmenta.es

Colección FRAGMENTOS, 48

Primera edición OCTUBRE DEL 2018
Primera reimpresión DICIEMBRE DEL 2019
Segunda reimpresión SEPTIEMBRE DEL 2021
Tercera reimpresión DICIEMBRE DEL 2021
Cuarta reimpresión ENERO DEL 2023

Producción editorial IGNASI MORETA
Diseño de la cubierta ELISENDA SEVILLA I ALTÉS

Foto de la cubierta Jardín de la casa de Mawlana Sheij Nazim
MARTA HERRERO GIL

Impresión y encuadernación ROMANYÀ VALLS, S. A.

© 2018 MARTA HERRERO GIL
por el texto

© 2018 FRAGMENTA EDITORIAL, S. L. U.
por esta edición

Depósito legal B. 22.264-2018
ISBN 978-84-15518-93-8

PRINTED IN SPAIN

RESERVADOS TODOS LOS DERECHOS

*Para Pepe y Rosa, mis padres,
por su amor y con gratitud.*

*No diré cosa que en mí, o por verla en otras,
no la tenga por experiencia.*
Santa Teresa (c prólogo, 3)

*Es bien dificultoso lo que querría daros a entender,
si no hay experiencia.*
Santa Teresa (1M 1,9)

*Nada es más valioso que la experiencia directa.*
Dicho del Profeta Muhámmad

*Lo que más os despertare a amar, eso haced.*
Santa Teresa (4M 1,7)

# ÍNDICE

| | |
|---|---|
| *Siglas empleadas para citar las obras de santa Teresa* | 10 |
| *Prólogo. La maravilla constante.* PABLO D'ORS | 11 |
| *Apertura* | 19 |
| I | 23 |
| II | 25 |
| III | 29 |
| IV | 57 |
| V | 77 |
| VI | 89 |
| VII | 109 |
| VIII | 113 |
| *Bibliografía* | 117 |
| *Gracias* | 121 |

## SIGLAS EMPLEADAS PARA CITAR LAS OBRAS DE SANTA TERESA

- C   *Camino de perfección*
- F   *Libro de las fundaciones*
- M   *Las moradas o Castillo interior*
- V   *Libro de la vida*

## PRÓLOGO
## LA MARAVILLA CONSTANTE
*Pablo d'Ors*

La autora de estas páginas es una mujer de la que muy bien podría enamorarse cualquiera de sus lectores. Cualquiera de sus lectores —yo mismo, sin ir más lejos— podría muy bien sentir envidia de Rafa, su marido, que tiene el privilegio de verla y hablar con ella cada día, o envidia de sus hijos, Abraham, el primogénito, Omar, una palabra que tiene las mismas letras que *Roma* y que *amor*, y la dulcecita Fátima, quienes están permanentemente a su lado. Por mi parte, siento envidia de su pluma, tan pura, tan llena como vacía de sí misma.

¿De dónde sale esta mujer?, se pregunta uno cuando lee estas páginas. ¿Existirá realmente? ¿Es posible que hoy exista una mujer así, en este mundo, en mi ciudad? Impresiona la autenticidad con que se dice. La sabiduría con que escribe como si no escribiese. La verdad que late en las palabras que pone una tras otra como si tal cosa.

Todo en su prosa es confesión. La suya es una prosa poética, pero no porque escriba cosas bonitas o utilice palabras sagradas —que las dice, las utiliza—, sino porque está desnuda. Poesía mística es fácil de encontrar. Pero ¿prosa? Mardía —precioso nombre— es un caso raro: concisa y exuberante a un tiempo, contenida y apasionada. Me rindo de admiración, lo digo totalmente en serio. Sus páginas —planteadas como un ensayo sobre Teresa de Ávila y el diálogo interreligioso— están muy vivas. Sus páginas son ella misma en forma de historia.

Tras esta lectura entiendo, como pocas veces me ha pasado, que es posible una escritura de la luz, que una literatura de la luz es una realidad, no una simple promesa. La prosa de Mardía está preñada de verdad, pero no porque hable de Dios, del amor, de la maravilla y de tantas cosas buenas como pasan en este mundo para quien sepa mirarlo, sino porque en cada página hay una temperatura, una textura, un color, y ese aire inconfundible que deja todo lo genuino. Es una prosa de enorme plasticidad y vivacidad, y yo no creo que a la prosa haya que pedirle mucho más. Es una prosa transparente, que no se subraya a sí misma, sino al mundo. Es la prosa de quien se ha olvidado de sí y, por eso, es más ella misma que nadie. Que el lector se predisponga para asistir a una fiesta de sensibilidad y de inteligencia, pues todo está aquí bien dispuesto, con el grado exacto del desorden preciso y con un fuego que lo calienta a uno mientras lo lee. El libro como chimenea, como llama de amor viva, como hogar en el que estás y desde el que anunciar que todo es hogar.

Este libro habla de literatura: «Escribir es para mí una experiencia más honda incluso que rezar o que meditar.» «Quería escribir y hallar la huella de lo eterno en lo histórico.» «Puedo escribir sin neurotizarme, volviendo mi literatura lugar para expresar lo real, en vez de espacio para la evasión, la ficción y el engaño.» Yo diría que esto es un tratado existencial de por qué se escribe, para qué, cómo, en qué sentido escribir es una necesidad, cuáles son sus riesgos… Como en el caso de santa Teresa, su referente fundamental, para Mardía es inseparable la mística de la poética, la experiencia de la expresión.

Este libro trata, sobre todo, del regalo y del trabajo de una conversión, entendida como transformación biográfica: «Una noche, tumbada en la cama de un albergue, sentí una bola de fuego entrando en mi pecho y un amor que llenaba de sentido y gratitud toda mi vida.» Es precioso ver cómo crece una vocación en forma de relato ante los propios ojos. Cómo desgrana esta autora su vocación de la mano de una hermana mayor, Teresa de Ávila, que en estas páginas es algo así como la plantilla en la que leer la propia vida, mostrando que ninguna vida es comprensible sin la de quienes nos precedieron, poniendo a las claras que necesitamos a otros para entendernos. Mardía se confronta con santa Teresa al igual que Jesús de Nazaret, salvando las distancias, se confronta con Isaías o con Moisés, para desvelar —desvelarse— el misterio de su identidad. Y va desvelando, con la estrategia de quien sabe componer un texto, con los dinamismos propios de una conversión, como la peregrinación, por ejemplo: «El Camino de Santiago lo cambió todo.» «La peregrinación es acercamiento mediante la acción, los pies en la tierra, rimar los pasos con el latido del mundo, dejar atrás todo lo innecesario, poniendo el cuerpo también a su servicio.» Pero también el ayuno: «El Ramadán alivió el dolor de mi piel y encendió una vela al lado de mi corazón.» Y la limosna: «La limosna es dar un poco de lo recibido, no solo para dar sino también para recibir; porque el creyente sabe que recibir y dar son una misma cosa.»

Ahora bien, las páginas más hermosas de este libro son, seguramente, las que dedica al encuentro con el maestro espiritual: «Un segundo en su presencia era suficiente para encender un corazón»; «Las miradas se limpiaban con solo escuchar su voz»; «Las flores crecían más fuertes y hermosas (en su jardín) por el compromiso radical con el suelo que tenían las raíces»; «Siempre provocaba en los que lo veían la sensación de que nadie los había observado nunca con tanta atención y amor»; «Mi conversión fue un don de su mirada»; «Ese hombre se tomaba mi vida más en serio que yo»; «Nunca conocería a nadie tan parecido a Jesús»…

También son hermosísimas las páginas que dedica al matrimonio: «Un hombre estaba dispuesto a dejar toda su vida anterior y a comprometerse conmigo, compañero de camino, en mi peregrinación»; «Tuvimos certeza de que nuestra unión venía del cielo»; «¿No sería el matrimonio un modo de vivir aquí un amor que no era de aquí?»; «El matrimonio como unión para la Unión y la maternidad como receptividad para la recepción.»

Tampoco podemos perdernos, desde luego, las páginas que Mardía dedica a la maternidad: «Él compartió con el pequeño su saliva, le pellizcó suavemente la mejilla, le sonrió con ternura infinita, y yo comprendí que milagrosamente el niño estaba bien»; «La entrega diaria que requiere cuidar a un hijo es en sí camino de perfección»; «En mí la semilla la puso un hombre, pero en el fondo también la puso Dios»; «Al partirse la madre literalmente en dos, en el extremo del dolor, cuando lo da todo (se da a sí), el dolor se apaga y el hijo sale a la vida»; «El corazón no se divide, sino que se multiplica con la llegada de cada nuevo hijo al mundo.»

Y todos estos temas los afronta esta escritora con tanta simplicidad como profundidad, regalándonos al menos una imagen en cada página. Porque quien aquí escribe no es solo alguien que quiere entregarse a Dios, alguien que se ha entregado a Él de hecho, sino alguien que lo hace hermosamente y que hermosamente expone sus dudas y titubeos. Así que este es un libro modesto y, por eso mismo, grande. Es un libro valiente y sincero en el que la autora, que escribe como reza, desnuda su alma para que nosotros, los lectores, admirados, desnudemos la nuestra. Sí, este es un libro para descalzarse, para desnudarse, para aprender a ser, para maravillarse de que seamos. Nadie con una sensibilidad mínimamente religiosa dejará de reconocer en estas páginas la huella de lo divino, tan discreta como poderosa. Un libro para releer y degustar, para cerrarlo y ensoñar un poco, para volver a abrirlo y acariciar alguna frase porque acuña una verdad. Yo veo amor en este libro. Veo un amor que despierta el mío: mis ganas de ser bueno, mis ganas de escribir, de abrirme, de abrazar al otro, de comulgar. Este es un libro de piedad, pero no es blando. Es suave, pero determinado, como lo que viene del Espíritu.

También es un libro que rompe las fronteras que establecemos los hombres a base de ser concretos; por eso es de auténtico diálogo interreligioso. Mardía, ¿cómo lo has conseguido? Estás en el corazón de la vida y, por eso, en el corazón de Dios. Cualquiera que tenga el corazón en su sitio puede ver eso. Pero estarás también —aunque el mundo aún no lo sepa— en la historia de las letras. Tiempo al tiempo. Estás siguiendo un camino, el tuyo. Has conseguido que sea tan tuyo que yo, personalmente, lo siento mío. Para mí es como si te conociera de siempre. Para mí es como si fueras mi madre y mi hija al mismo tiempo. ¡Qué privilegio que me hayas pedido un prólogo a mí, compañero en la sed de Dios y en ese amor a la literatura que solo comprenden quienes lo gozan y lo padecen! Gracias por amarnos tanto con tus palabras, querida Mardía. No te ruborices. Sé que sabes que todo lo que te he escrito aquí es cierto. Eres una digna discípula de Mawlana Sheij Nazim, quizá sea este el mejor elogio. Eres una buena discípula de santa Teresa. ¡Qué bien, Dios mío, que yo haya podido ser un humilde testigo de todo esto!

## APERTURA

Esta es la historia de cómo santa Teresa me llevó de la mano hasta la mano de un maestro sufí, Mawlana Sheij Nazim. Es una historia sin literalismos, donde las contradicciones son fecundas, donde la unidad trasciende la paradoja. Es una historia de un amor más grande que cualquier forma.

El año 2015 fue el quinto centenario del nacimiento de Teresa. Los homenajes se sucedieron. Al recordarla, la hacíamos presente; la subíamos en el pedestal y a la vez la bajábamos; la admirábamos como si estuviera lejos y a la vez la dejábamos entrar en nuestra casa. Ella estaba dispuesta a romper todo ídolo construido y volverse real; ella está.

El sentido muchas veces (el destino) se presenta en forma de sincronicidades repetidas. En abril, el día de Viernes Santo, mi maestro sufí Mawlana Sheij Mehmet, sucesor de Mawlana Sheij Nazim en la cadena dorada de la *tariqa* o cofradía Naqshbandi, visitó Barcelona. Subimos con él a lo alto del Parc Güell y, después de reencontrarme con una hermana sufí excarmelita a la que hacía seis años que no veía, vimos pasar una procesión que cantaba el *Nada te turbe* de santa Teresa.

Ese fue el punto de partida de este ensayo. Comprendí que tenía que escribir sobre la enorme influencia que la abulense había tenido en mi vida, y sobre cómo su magisterio me había abierto las puertas del sufismo y el islam.

Semanas después de despedir al maestro, me llegó la información de un concurso de ensayo sobre Teresa y el diálogo interreligioso organizado por la Universidad de la Mística de Ávila, la ciudad donde vivieron mis abuelos y donde he pasado todas las Navidades de mi vida.

Me puse manos a la obra. Me di cuenta de que, a pesar de haber escrito artículos, una tesina en Ciencias de las Religiones y una tesis en Filología, ya no podía escribir un texto académico. Mi corazón no me lo permitía. Teresa me llamaba desde otro sitio, apelaba solo a mi sinceridad. Rendirle homenaje era volverla espejo de mi propia vida. Intenté contenerme, releí sus obras como lo hace el estudioso, pero fue imposible. Así que dejé de escribir y me puse a escuchar.

Durante tres semanas encendí el ordenador a ratos muy cortos (tengo tres hijos pequeños) pero intensísimos, inspirada continuamente, como si el esfuerzo solo hubieran de hacerlo mis manos.

Escribir, así, es para mí una experiencia más honda incluso que rezar o que meditar. Escribir desde el contacto con el silencio es una labor sagrada.

Envié el texto al concurso y esperé ilusionada porque quería acudir si ganaba (ese era uno de los premios) a la Universidad de la Mística de Ávila, en septiembre, para hablar sobre mi experiencia teresiana. Tenía la intuición de que iba a poder estar allí.

Casi a finales de julio recibí un *e-mail* con el nombre de los ganadores y los finalistas. El mío no aparecía. Me extrañó. Pero las intuiciones no siempre se cumplen.

Pasó el verano, empezaron las clases (soy profesora de Lengua en un instituto). Y una semana antes del congreso me llamaron del Centro Internacional Teresiano-Sanjuanista (CITeS) porque habían organizado una mesa redonda sobre Teresa y otras tradiciones, y la persona que iba a hablar sobre la carmelita y el islam había renunciado a ir en el último momento, por motivos personales. Habían recurrido a una segunda persona (un amigo mío) que también dijo que no de manera imprevista una semana antes del congreso, y que dio mi nombre a la desesperada porque sabía que yo había estado trabajando justo sobre eso.

Es decir: la realidad finalmente me quiso allí. Me gusta imaginar que la propia Teresa me invitaba.

El día del congreso fue muy especial. Era además el cumpleaños de mi hijo Omar y aprovechamos para viajar en familia. Después del encuentro, justo cuando salíamos del edificio del CITeS, una mujer entraba con un gatito pequeño al que había encontrado perdido en un camino. Lo que más deseaba Omar en el mundo era tener un gato, así que lo recibimos como un regalo del cielo, nos lo llevamos a casa y lo llamamos Teresito.

Este es el contexto en el que surgieron las páginas siguientes. Las escribí en mayo del 2015 y las amplié en otoño de ese mismo año. Las escribí con el corazón. Sintiendo muy cerca a Teresa.

I

Teresa sabía que la verdad está en la experiencia. Su literatura sigue viva quinientos años después de que naciera, incluso a pesar de que su intención al escribir fuera en extremo concreta (comunicar sus vivencias a sus confesores o dar a sus hijas espirituales del Carmelo orientaciones sobre cómo orar), porque nació de un apego radical a su propia vida. Habitar lo que la concernía, hasta el fondo de sí, la volvió universal; identificar su anhelo, su pequeñez, emprender el camino del autoconocimiento, consagró su tiempo y dibujó su santidad. Saberse colocar en el lugar exacto que ocupa el ser humano en relación con Dios convirtió en teofanía su existencia sobre la tierra.

Su valor como escritora estriba, sobre todo, en su capacidad para enlazar su saber con su palabra, su sinceridad con su pluma. Donde la poesía se vuelve espejo de lo absoluto; la voz, eco de un silencio; el *logos*, revelación.

Para mí, rendir homenaje a Teresa es hacer espejo con ella y asumir, imitar, seguir, reflejar su propio compromiso. No mirarla desde su pedestal, sino bajarla de él, ponerla a caminar, preguntarle a nuestro corazón si, llegada hoy hasta nosotros real, con los ropajes y la apariencia externa de una mujer del siglo XXI, la reconoceríamos. Desvelarla para desvelarnos; desvelarnos para revelarla. Porque cuando hay sinceridad, la distancia entre las religiones se acorta; porque desde la sinceridad somos a la vez únicos y Uno. Desde ahí, independientemente de que ella se diga cristiana y yo sufí, puede ser maestra o compañera de camino.

Pido, como ella pedía en sus obras («enviad, Señor mío, del cielo luz» [5M 1,1]), soporte espiritual a mi maestro, Mawlana Sheij Mehmet, de la *tariqa* Naqshbandi, y a la propia Teresa, allá donde esté, para que me ayuden a escribir desde lo más profundo de mi corazón, porque, como dice el hadiz *qudsi* (según la tradición, la palabra de Dios dicha en boca del Profeta), «ni los cielos ni la tierra pueden contenerme, pero el corazón del creyente me contiene».

## II

Teresa me ha acompañado silenciosamente toda la vida. Mis padres me dieron el nombre de Marta (aunque dudaban si llamarme María), una de las mujeres bíblicas preferidas de la mística, y anunciadora de mi propia predilección por la vida activa: «Santa era santa Marta, aunque no dicen era contemplativa. Pues ¿qué más queréis que poder llegar a ser como esta bienaventurada?» (C 17,5). Cuando, veintiséis años después, me encontré delante de mi maestro y le pedí que lo fuera, él me dio un nombre que unía fonéticamente a Marta y a María, como dándole paz a la duda de mis padres y reflejando la conciencia unitaria de Teresa. Él me llamó Mardía.

Mis abuelos se fueron a vivir a Ávila poco después de nacer yo para ayudar a mi tía, casada con un abulense, a cuidar a sus tres hijas, y todas las Navidades que recuerdo, salvo esta última (mi abuelo falleció en febrero del 2014), las he pasado allí.

Me recuerdo niña con afán de aventuras; buscaba en sueños una piedra preciosa que abriera una puerta para escapar de un amenazante círculo de fuego. Me recuerdo también entre libros y con ganas de escribir, como la propia Teresa. Cuando me asomé a la adolescencia, me imaginaba pasando la noche del 24 de diciembre dentro de uno de los templos de Ávila (la catedral, San Vicente o Santo Tomás), sola y descalza, acompañada por una manta, una vela y un folio en blanco que me sirviera de diario de viajes hacia mí misma. Escribir era para mí bucear:

> Digamos que sea la unión, como si dos velas de cera se juntasen tan en extremo, que toda la luz fuese una, o que el pábilo y la luz y la cera es todo uno; mas después bien se puede apartar la vela de la otra, y quedan en dos velas, o el pábilo de la cera. (7M 2,4)

Al acabar bachillerato, decidí estudiar Historia y Filología Hispánica para dialogar especularmente con una doble inclinación: quería a la vez escribir y hallar la huella de lo eterno en lo histórico, convencida de que si Dios está en alguna parte, ha de ser necesariamente aquí: «Esta casa es un cielo, si le puede haber en la tierra, para quien se contenta solo de contentar a Dios» (C 13,7).

Los años de universidad fueron descorazonadores. La estrechez materialista de muchas de las explicaciones y mi falta de decisión para aventurarme en lo que de verdad quería acabaron por provocar, en las Navidades del 2003, una fiebre sin foco infeccioso que en realidad era hartazgo de mí, sensación de vacío existencial, choque contra un muro que no me dejaba continuar con mi vida, puertas cerradas, sed acallada por una especie de censor interno. Era como si hubiese llegado a un callejón sin salida en mi búsqueda hasta entonces sobre todo intelectual. Era como si en realidad no hubiera hecho nada que valiera nada en veintidós años.

Por la brecha estaba a punto de emerger algo nuevo. Lo dicen así en la *tariqa* Naqshbandi: un corazón roto es un corazón abierto.

## III

En verano del 2004, haciendo brújula de la desorientación, me marché al Camino de Santiago. Sin reloj ni teléfono. Sin fecha de regreso, ni pareja, ni actividad que me esperaran a mi vuelta. Mi padre lloraba en la estación de autobuses al verme marchar hacia Logroño (desde allí empecé mi peregrinación). Me veía tan perdida. Yo no sabía muy bien hacia dónde iba; es difícil a veces poner nombre a este tipo de impulsos. Tenía sed.

El Camino de Santiago lo cambió todo.

Me sentí protegida desde el principio, conducida por una fuerza sutil y amorosa. La simplicidad con la que viví durante un mes posibilitó un auténtico (y casi sin esfuerzo) trabajo de ascesis. La consigna era sencilla: seguir todo el tiempo una flecha amarilla. La aceptación de esa regla básica (y que nos unificaba, de algún modo, a todos los peregrinos) se volvió puerta a la autenticidad y el milagro. *Camino de perfección*. Había que madrugar, caminar, cuidarse un poco los pies (no mucho, que la atención excesiva a la salud ya sabía Teresa que acababa por ser insana), comer y dormir. Nada más. Había a la vez un presente y un destino. Un ahora y una esperanza, justo como en la vida. Andaba como oraba, acompasando mis pasos con el latido de mi corazón. Puliendo mi alma para reflejar cada vez con más nitidez lo divino. Los sufíes dicen que cada pálpito, bien escuchado, susurra *Al-Lah, Al-Lah, Al-Lah*. Y el hadiz *qudsi* señala:

> Mi sirviente se me acerca de la forma que me es más querida y que he establecido como deber para él. Y mi siervo continúa acercándose a mí mediante actos supererogatorios hasta que yo lo ame y cuando lo amo, me convierto en la oreja a través de la que oye, el ojo con el que ve, la mano con la que toma y el pie con el que camina.

Teresa escribió que Dios está siempre dispuesto a dar mucho más de lo que pedimos: «Se da más de lo que se pide si acertamos a desear» (c 23,6). Caminando hacia Santiago, sus palabras se volvieron certeza vivida, cada día con más intensidad. Las sincronicidades se multiplicaron, mi mirada se fue limpiando, me vacié de proyectos para volverme yo misma el camino. Cuando llegué a Compostela, me dediqué durante días a pasear descalza por la catedral, a sentarme en sus rincones como volviéndola nido, a participar del vuelo del botafumeiro porque también le habían salido alas a mi corazón. Casi enloquecí. Una noche, tumbada en la cama de un albergue, sentí una bola de fuego entrando en mi pecho y un amor que llenaba de sentido y gratitud toda mi vida.

Más grande aún que ella; más hondo que la muerte.

Dos días después, unos compañeros peregrinos franciscanos pidieron permiso para celebrar misa por la mañana temprano en el sepulcro y me invitaron a ir, tal vez porque pensaron que yo estaba discerniendo una llamada. Mientras oía misa, sentí culpa. Extraña culpa. Como si no mereciera estar allí. Como si fuera a traicionar, de algún modo, el regalo que me estaban dando. Como si mi vocación no fuera a concretarse en el cristianismo, religión de mis ancestros. ¿Eso no era lo que Dios quería para mí?

Aún caminé unos días más. Desde Santiago a Finisterre. Y junto al fin del mundo, mientras el sol se escondía por debajo del mar, creí entender para qué había nacido: para escribir sobre la belleza vivida; para dar testimonio de la maravilla.

El islam distingue entre estado, *hal*, y estación, *maqam*. El primero es pasajero, una gracia. El segundo dura en el tiempo, se alcanza cuando la vida entera se coloca en la frecuencia adecuada. Mi apertura al presente, mi conexión con el sentido, ese amor, se disolvió lentamente cuando regresé a casa. En realidad, yo no estaba preparada para sostener mucho tiempo aquel don. Se quedaron conmigo, eso sí, el recuerdo de lo vivido y la certeza de que había un propósito de belleza y luz detrás de la existencia. Por lo demás, yo deseaba volar, pero la realidad sabía que lo que necesitaba era echar raíces.

Pocos meses después fui a Pastrana a un curso de espiritualidad y conocí, en el balcón de la Hospedería Real o Convento del Carmen, donde coincidieran en una de sus fundaciones san Juan de la Cruz y santa Teresa, a un escritor que sabía de los sufíes y que me habló por primera vez de Mawlana Sheij Nazim, un auténtico alquimista del corazón que se parecía, dijo, a un mago salido de *El señor de los anillos*. Me enseñó una foto de él, a mí me dio un poco de miedo (su mirada era como de león) y no me provocó demasiado interés. El islam no me atraía (tenía los prejuicios de cualquier ciudadano occidental medio) y decidí, no sé si allí mismo, marcharme a Roma, seguir la peregrinación y escribir un libro sobre el Camino de Santiago.

Una compañera de camino italiana me acogió en su casa unos días mientras me establecía. Y mi ánimo se fue desinflando a la vez que deambulaba, de nuevo sin rumbo, por la capital italiana. Se acercaba la Navidad y deseaba regresar a casa para poder vivirla en familia con mis abuelos. En Ávila, como todos los otros años de mi vida.

Así que regresé. Justo para la celebración familiar.

Los meses siguientes fui dando tumbos, como desorientada. Tenía veinticuatro años, había vivido una corta experiencia de apertura, pero no conseguía concretarla en nada. La vocación es siempre muy concreta. A Francisco de Asís, Dios le dijo que reparara una pequeña iglesia en ruinas. Nada más. Y nada menos, porque reparar la iglesia lo llevó también a reparar la Iglesia. Yo sabía que podía escribir. Pero cuando me ponía a ello, me trababa y me paralizaba un testigo interior, que no sabía bien si era mi ego (el demonio) o mi corazón (Él). Por lo demás, «deseaba vivir, que bien entendía que no vivía, sino que peleaba con una sombra de muerte» (v 8,12).

A la espera de que llegara el verano para hacer de nuevo el Camino de Santiago y octubre para iniciar el doctorado en Ciencias de las Religiones, mi tía me llamó, desde Ávila, para que fuera unos días a darle clases de Latín a mi prima pequeña, que tenía que examinarse de selectividad.

Pasé allí una semana. Los últimos ratos que compartí con mi abuela, que moriría inesperadamente meses después. Hablaba con ella por las mañanas, mientras Diana iba al instituto, y aprovechaba para pasar ratitos cortos en los principales lugares teresianos. Visité varias veces la Encarnación, oré en la pequeña capilla construida en el lugar de nacimiento de la santa (allí era donde me sentía más feliz). Paseé sin rumbo fijo por Ávila, visité el Centro de Interpretación del Misticismo y leí en una cafetería del centro, con fruición, persiguiendo sobre todo en la infancia y la juventud de Teresa un reflejo de mi propia búsqueda, el *Libro de la vida*. Compartía con ella ese gusto por la aventura que la acompañó de pequeña, similar al sueño de san Francisco niño de ser caballero y marchar a las cruzadas a luchar contra los musulmanes, y comprendí que el santo es el aventurero por excelencia, levantado para luchar contra su ego o el dragón. El periplo más grande es siempre el interior.

Un día de sol, hablando con mi abuela junto al pequeño balcón que la asomaba al campo de fútbol del Ávila, me dijo que la mejor cualidad que había tenido en la vida había sido la obediencia. No una obediencia ciega y pasiva, adocenada; ella era obediente porque estaba dispuesta a asumir, desde la fe, lo que la realidad le pusiera delante y lo que sus padres decidieran para ella. Piedad filial, lo llaman. Era una mujer muy tradicional. Le extrañaba que las chicas de ahora se acostaran con varios hombres antes de casarse. Hablamos también del divorcio y yo le insinué que, aunque no me gustaba, algunas veces era la única solución posible a una relación insostenible. Ella pareció comprenderme, y yo me acerqué también un poco a ella. La última conversación que tuvimos antes de que muriera apuntaba, sin yo saberlo, a mi futura conversión al islam, que es obediencia o sumisión (a lo real) y que permite el divorcio, aunque es, de las cosas permitidas, la que menos le gusta a Dios.

Un mes después tomé el autobús hacia Pamplona, de allí otro a Roncesvalles, y en Roncesvalles un taxi que me llevó, junto a unos pocos peregrinos, a Saint-Jean-Pied-de-Port, punto de partida de una nueva peregrinación a Santiago. Mi intención era volver al estado del camino anterior. No entendía que la realidad no se repite tal cual dos veces. El misterio se presenta siempre de forma nueva. Es más, lo importante ni siquiera es ese estado, como bien sabía Teresa, sino entregarse por completo a lo absoluto, hecha una tu voluntad con la suya, «darnos todas al Todo sin hacernos partes» (C 8,1), porque «esta casa es un cielo, si le puede haber en la tierra, para quien se contenta solo de contentar a Dios» (C 13,7).

La experiencia fue completamente diferente a la del año anterior, pero el camino trajo nuevas respuestas y otra vez una vivencia insólita. El día 24 de julio, llamé a mi abuela desde una cabina de una plaza de Astorga (no llevaba teléfono móvil) para felicitarla por su ochenta cumpleaños, y me dijo que se daba por satisfecha con su vida, que estaba en paz y que pidiera por ella y por mi abuelo cuando llegara a Santiago. Alcancé Compostela el 1 de agosto y, tras acudir a la misa del peregrino y buscar una vela que encender para mis abuelos, vagué por la ciudad, cené con compañeros y hacia las 21:30 llamé a casa de mis padres para informarlos de que había llegado. Me respondió un grito estremecido de mi madre: mi abuela acababa de morir. Le habían hecho una pequeña operación de la que no me habían informado para no preocuparme, y al salir de la anestesia, tras saludar con su manita a mi abuelo y a sus hijos, se le había parado de pronto el corazón. Así, de repente. Sin sufrir. Tan ricamente, como ella solía decir. Entregada a la muerte con la misma obediencia con la que se entregó a la vida. En Ávila. En la clínica de Santa Teresa.

Mis padres estaban preocupados porque no sabían cómo localizarme y pensaron que no podría acudir a tiempo al entierro. Yo llamaba a casa cada dos o tres días. Pero curiosamente (otra reverberación del sentido), esta vez contacté con ellos media hora antes de que saliera de la estación de Santiago un tren con destino a Madrid que paraba en Ávila.

Agradecida a mi abuela por su vida y su forma de morir, conmocionada, me subí a aquel tren. Entré en el vagón dormitorio, me tumbé en la cama con los pies cansados, y en las horas de viaje hacia la ciudad de Teresa mi corazón (¿mi imaginación activa?) intuyó la presencia constante de mi abuela, feliz de su partida, convertida su alma en mariposa que revoloteaba a mi alrededor, plantando semillas mientras abría la puerta de la otra vida. La luna en el cielo era cóncava, con forma de cuna, como el poema que le escribí a ella cuando era pequeña, y el trayecto se convirtió en exploración de las entrañas de lo invisible.

Ella me enseñó que la muerte es una metamorfosis.

Al final del año siguiente, 2006, mi amigo escritor, entusiasmado por su viaje a Chipre y su encuentro con el maestro sufí Mawlana Sheij Nazim, me animó a ir a una meditación sufí o *dikr* (significa recuerdo y recitación, o recuerdo a través de la recitación), que celebraba en Madrid un grupo de sufíes cada viernes tras el *magrib* (oración del anochecer) en un centro de yoga cerca de Embajadores. Acudí por curiosidad, y ya allí, decidí no volver nunca más. Los trajes de pastores medievales que llevaban los hombres y las recitaciones en árabe imposibles de comprender para mí me resultaron extraños. Solo algo llamó mi atención: los ojos azules y purísimos, felices también, de una alegría paciente y persistente, de una mujer que estaba a punto de dar a luz y que se sentó a mi lado en el círculo de *dikr* para hacerme comprender (era cosa de Él) que ahí podía también haber belleza.

En verano del 2007, tras acabar mi tesina sobre la conversión de san Agustín (la lectura de *Las confesiones* había sido determinante en el camino espiritual de Teresa), pedí una beca para pasar cuatro meses en Roma con el objetivo externo de estudiar el mito de Eros y Psique (o el amor entre el Amor y el Alma) y el anhelo interno de discernir qué quería Dios para mí. Alquilé una habitación en un piso junto a la vía Cipro (Chipre), muy cerca de la entrada a los Museos Vaticanos, y me dediqué a caminar por las calles de la capital italiana enamorada de la ciudad, entregada a sus susurros, parando en cada iglesia a repetir el «perdóname, Señor mío», que utilizaba en su oración el peregrino ruso, y caminando por las calles con un *tasbih* o rosario sufí mientras recitaba, para mis adentros, amor, amor, amor, que leído de derecha a izquierda nombraba el lugar en el que estaba, y que manifestaba a la vez que posibilitaba el hecho sorprendente y místico de caminar enamorada de la capital italiana (años después tendría un hijo llamado Omar, con las cuatro letras que forman Roma y amor).

Fui feliz allí solo por estar allí. Pero mi vocación seguía sin concretarse. Observaba a monjas de hábitos diversos y admiraba su compromiso, pero sabía que eso no era para mí. Visité Ostia un atardecer y me pregunté, como lo hicieron Agustín y Mónica, cómo sería la belleza detrás de la belleza de las nubes sobre el mar. Busqué la soledad día y noche, soledad y peregrinación, escribí a ratos, compré libros de vidas de santos, me enfrenté a las dudas, expresadas a sus confesores, de Teresa de Calcuta sobre su propia fe, y peregriné en tren un 15 de octubre, día de Santa Teresa, hasta Asís, donde recorrí los principales lugares de la vida de Francisco (La Porciúncula, San Damián, la basílica donde estaba su *maqam*, estación, morada o tumba). Pregunté, me pregunté, recé en las capillas, intenté acceder al fondo de mí. Un amigo mío, que hacía la tesis en aquellos días y dedicaba un capítulo a la interpretación de la *Santa Teresa* de Bernini, vino a visitarme una semana y pasamos un día entero sentados en la iglesia de Santa María de la Victoria, frente al *Éxtasis*. Pero la respuesta concreta aún no llegó.

Así que regresé a Madrid. Pocos días después acudí a un encuentro interreligioso de judaísmo, cristianismo e islam en San Francisco el Grande, y a la salida una hermana sufí me invitó a ir con ellos a un viaje de diez días al norte de Chipre (¡había vivido en la calle Chipre en Roma!) para visitar a su maestro Mawlana Sheij Nazim. Me habían contado que era un santo excepcional, que un segundo en su presencia era suficiente para encender un corazón, que las miradas se limpiaban con solo escuchar su voz, que cada encuentro era siempre significativo, que Lefke estaba muy cerca del cielo. Porque el cielo, como Teresa sabía, está en la tierra para todo el que se entrega a Dios.

El viaje fue puerta al Amor, con mayúscula. Las flores crecían más bellas y coloridas en el jardín laberíntico de la casa del maestro. Un jardín que no solo era metáfora. Un jardín que no se acababa nunca. Todo era allí muy concreto y muy bello. Las ramas crecían más fuertes y hermosas por el compromiso radical con el suelo que tenían las raíces. La vida era sencilla y el ritmo lento. Los gatos se acurrucaban en nuestro regazo como bebés. Las chicas dormíamos en la Guesthouse, una casona blanca que cuidaba (esa casa era su corazón) una mujer libanesa de gran carácter. Pasábamos, salvo la noche, la oración del alba y el desayuno, el día en el jardín de la casa del maestro, al que veíamos constantemente para comprender que su entrega a lo real era total y que ahí no ocurría nada que tuviera trampa ni cartón. Él se dedicaba, con casi noventa años, a recibir a visitantes doce horas al día, y siempre provocaba en los que lo veían la sensación de que nadie los había observado nunca con tanta atención y amor.

Lo demás era simplemente estar, ser en la medida de lo posible, habitar hasta el fondo lo cotidiano. La sopa estaba más rica allí porque su sabor era espiritual; fluir con lo que se te pedía podía provocar que te encontraras para pelar patatas o picar cilantro con una persona que viniera a desatar un nudo que no te dejaba respirar. Espejo de tu ego y llave para tu libertad. Paradoja y emergencia. La tumba de la mujer de Mawlana (en árabe *maqam*, o morada, hogar) era un útero a través del cual volvías a nacer. El atributo divino Rahim, que traducimos como 'el Misericordioso', se refiere en su raíz también a la palabra útero o matriz. Ella te mecía lentamente, acariciaba tu existencia, te reconciliaba con tu feminidad, como una luna cóncava.

La noche antes de marcharnos, Mawlana Sheij Nazim nos recibió y, cuando me presenté, me miró. Lo que sucedió es muy difícil de explicar. Fue una experiencia mística en sí misma. Su mirada me volvía real. ¿Cómo era posible que ese hombre me amara más que nadie? ¿Cómo podía tomarse mi propia vida más en serio que yo? ¿Cómo podía darle incluso a mi vida más valor que a su vida? Me veía en mi individualidad, no proyectaba nada sobre mí; era capaz de penetrar en el fondo de mi alma. Mi conversión fue un don de su mirada. Parecía haberme estado esperando desde siempre. ¿De dónde venía ese amor?

Me miró y luego me dijo que me casara (siempre daba consejos muy prácticos). Yo quería concreción y él me recomendó algo muy concreto. No me dijo que rezara cinco veces al día, ni que me pusiera a estudiar Corán. Cásate. Simplemente. Nada más. Y nada menos. Eso me llenó de paz, porque de alguna manera resolvía mis dudas más profundas, las que ni siquiera había sido capaz de plantear conscientemente.

Después le pedí tomar *bayat* con él, la iniciación espiritual. Quería su bendición, pero no quería abandonar el cristianismo. Ese hombre era el ser más santo que yo había visto en mi vida. Mirarlo a los ojos lo cambió todo; aunque fuera excepción, su presencia hacía posible una existencia de verdad, sin rastro alguno de egoísmo, entregada constantemente al servicio, presente y fluctuante, misericordiosa y llena de amor. Mawlana te aceptaba en tu completa individualidad y se asomaba no a tus defectos sino a tus secretos de luz; era como el guardián de tu alma. Y además, él decía de sí mismo no ser nada, remitía su luz a la luz del profeta Muhámmad, buscaba soporte en profetas y amigos de Dios. No era el primer santo, sino el último siervo.

Nunca conocería a nadie tan parecido a Jesús. Pero el islam seguía provocándome rechazo. En el último momento, un poco inconscientemente, hice la *sahada* (o profesión de fe) convencida de su primera parte (*la ilaha illallah*), de la unidad del ser, de la realidad única, pero con muchas dudas de la segunda (*Muhammadan rasulullah*), el reconocimiento de que Muhámmad, la paz y las bendiciones sean con él, era uno de sus mensajeros. Y regresé a mi casa enamorada de un maestro pero llena de resistencias hacia su religión.

Continué con mi doctorado, las clases en la universidad, la asistencia esporádica a meditaciones sufíes, y empecé a viajar cada vez más frecuentemente a Lefke. Yo no era muy consciente de lo que estaba ocurriendo, pero por dentro se iba operando, lentamente, un cambio en mi interior. Una lucha cuerpo a cuerpo (corazón a corazón) contra todos mis prejuicios (eran tantos) y una sanación paulatina de mis heridas emocionales. De fondo, las palabras del maestro («cásate»), como brújula, porque podía reconocer que sabía mejor que yo lo que era bueno para mí. La sumisión a esa realidad no era sacrificio, sino libertad. Aún no me daba cuenta, pero mi compromiso vital empezaba a tener una dirección. Quedaban años de arduos trabajos para reconocerme a mí misma como musulmana, pero estaba en camino.

En el verano del 2008, pedí una beca para ir a Perpiñán y pasé algunos de los peores meses de mi vida. Mi segunda piel, pegada a la primera, tenía que separarse (era casi un desgarro) de mi primera piel. Tenía que decir adiós a un hombre del que estaba completa y equivocadamente (no era para mí) enamorada. En el pequeño estudio (y luminoso y bello) que alquilé en el centro de la ciudad, junto al barrio argelino, me dediqué a estudiar las teorías del imaginario y a escribir sobre cárceles de amor. Llevé anotado en una hoja cómo se hacía el rezo musulmán y, para descansar de horas de trabajo intelectual, empecé a hacer las oraciones. Pasaba los días sola, salvo para ir a las meditaciones sufíes que organizaban los hermanos *naqshbandis* de la ciudad cada semana. Y le pregunté a Joël Thomas (el teórico del imaginario por el que pedí la estancia breve allí) si Henry Corbin, el gran estudioso de Ibn Arabi, se había hecho musulmán. Él me dijo que no. Yo no entendía que uno pudiera dedicar toda su vida al estudio académico de algo tan bello como el sufismo sin sumergirse en el océano. Y quedarse en la orilla.

El día antes del comienzo del Ramadán recibí un mensaje desde España: mañana empieza el ayuno. Y como no tenía nada mejor que hacer, dejé de comer en las horas de sol. El Ramadán fue caricia constante para mi alma. Tenía todas las letras de amar y de dar y de mar. El Ramadán alivió el dolor de mi piel y encendió una vela al lado de mi corazón. El Ramadán me hizo viajar en tren casi cada tarde a Collioure, la pequeña ciudad francesa en la que murió (y está enterrado) Antonio Machado, para ponerle flores a él y sentarme junto al mar, antes de anochecer, con el cuerpo sediento y con hambre y el alma pacificada, atenta a lo sutil, para que las aguas, el ritmo de las aguas, el latido de las aguas, que reproduce también, si se las escucha bien, *Al-Lah, Al-Lah, Al-Lah*, me dictaran poesías. Sobre todo comprendí que Él (o Ella, o Ello) me cuidaba, que detrás del sufrimiento estaba su abrazo, que estaba dispuesto (era más bien yo quien me había de disponer para ello) a perdonar toda mi vida anterior. Que el mundo entero, incluso el país extranjero, podía ser mi hogar. Que la luz crepuscular era una nana y el mar balanceo en sus brazos infinitos. Podía nacer de nuevo a la posibilidad de una vida verdadera. Estaba a tiempo.

En un muelle adentrado en el agua, donde me colocaba para orar o meditar, un Cristo crucificado protegía a los navegantes. Y el mar era amor y también movimiento incesante. Me atravesaba y me liberaba del dolor.

Al final de mi estancia en Francia, me marché una semana al monasterio ecuménico de Taizé. El hermano Roger lo había fundado en plena Segunda Guerra Mundial, acogiendo tanto a judíos que escapaban del nazismo como a alemanes cuando la contienda empezó a inclinarse en su contra. Es decir: en medio de la lucha, emergió un hombre que de verdad buscaba la reconciliación. La semilla que plantó sigue floreciendo hoy, años después de que el hermano falleciera. Miles de jóvenes de las distintas ramas del cristianismo acuden cada verano al pequeño pueblo francés para rezar, tender puentes, encontrar su propio camino.

Acudíamos al templo de Taizé tres veces al día. La moqueta nos recibía dispuesta a toda postura: a veces nos sentábamos, nos arrodillábamos, incluso nos postrábamos como en el rezo musulmán. Cantábamos canciones cristianas en las distintas lenguas europeas. Y no faltaba, tampoco allí, el *Nada te turbe* de santa Teresa.

Para mí, fueron días de paz y belleza. Me tocó formar parte, por las mañanas, del equipo de limpieza de baños. Por las tardes, leía sobre la vida del hermano Roger, paseaba por el pueblo y sus alrededores, participaba en alguno de los grupos de trabajo que se organizaban en torno a un tema. El monasterio estaba muy vivo y los jóvenes que iban allí abanderaban una esperanza. El día antes de partir, después de la oración, me acerqué un momento al hermano Alois (sucesor de Roger en el priorato de la comunidad) y le conté que me había convertido al islam. Se lo conté porque me sentía culpable, casi confesándome. Y él recibió mis palabras con la misma sonrisa cálida y calmada con la que recibía casi todo lo demás. Lo que pensaría él no lo sé. Yo esperaba una respuesta, pero solo obtuve un silencio. Seguía viva mi necesidad de reconocimiento externo.

En julio del 2009, después de peregrinar (en coche) con mi hermana María al santuario de Fátima en Portugal (ni imaginaba que un día tendría una hija llamada Fátima), volé a Chipre sin billete de vuelta y, después de una semana, pregunté al maestro si podía quedarme allí cuarenta días (de retiro espiritual). Él respondió (¿qué querría decir?) que podía estar en Lefke tanto tiempo como quisiera. Lo dijo en inglés: «You can stay here as long as you want.» Su permiso se quedó marcado en mí como la certeza de que Dios, a través de los santos o representantes suyos en la tierra, está dispuesto siempre a darte más de lo que tú llegas a pedir: «Se da más de lo que se pide si acertamos a desear» (c 23,6), decía Teresa.

Mi trabajo en la Guesthouse de Chipre, donde viví dos meses, consistió, simplemente, en hacerme una con el fluir sencillo y bendito del tiempo. Doblegar al ego no era desaparecer, sino hallar el yo más auténtico. Someterse a lo real era la fuente de la verdadera libertad. Dedicarte solo a seguir una flecha amarilla te vuelve único.

Me levantaba antes del amanecer, rezaba, dormía una pequeña siesta para despertar de nuevo y preparar el desayuno junto a las otras mujeres alojadas y Samia, el corazón de la casa. Comíamos juntas deliciosos manjares, los más sabrosos que he probado nunca porque su sabor procedía de un saber que le pertenecía a Dios, que estaba de verdad entre los pucheros, sentadas alrededor de una mesa baja y redonda que había en el salón. Veníamos de todas las partes del mundo, de todos los colores del mundo, éramos flores en el jardín de nuestro maestro. Al acabar de comer, lavábamos los platos entre tres (una enjabonaba, otra aclaraba y otra secaba y colocaba). Sobre el fregadero, una ventana nos asomaba a frutales, palmeras, pájaros que cantaban, flores y un espacio como de portal de Belén. Luego hacíamos la ablución y nos marchábamos a casa de Mawlana, a cinco minutos andando de allí, en cuyo jardín pasábamos el resto del día, entrando a rezar en la *derga* en la que se alojaban los hombres. Cuando el sol se ponía, entre el *magrib* y el *isha,* cenábamos en el patio, con un solo plato y una cuchara, sopas que eran pociones benditas —casi toda la *baraka* (la bendición) de nuestra estancia en Lefke la recibíamos, decía el maestro, de la comida. Y experimentábamos con asombro que siempre había espacio, platos, cucharas, cantidad de pan y comida justos para los peregrinos que había allí. Nunca faltaba nada. El milagro de la multiplicación de los panes y los peces era un hecho cotidiano. La ley natural se somete al hombre que verdaderamente se ha sometido a Dios. Casi invisiblemente, sin afectación. El jardín del maestro era espacio constante para la maravilla. Lo buscaban los árboles, el olor de los jazmines y los gatos. Un oasis con colores de jardín del edén. Las flores crecían allí con belleza inaudita. Y a la vez sin aspavientos.

Aquello era lo que sucedía por fuera. Vida sencilla, pausada, sin pretensiones ni ensoñaciones, enquiblada por la oración. Lo que sucedía por dentro es tan difícil de explicar. Pido, a partir de aquí, como santa Teresa se lo pedía a Dios cuando estaba escribiendo *Las moradas* («comienzan a ser cosas sobrenaturales, y es dificultosísimo de dar a entender, si su Majestad no lo hace» [4M 1,1]), que Dios aclare mi entendimiento para poner luz a las palabras.

El sufí camina siempre con un pie en este mundo y un pie en el más allá. Por dentro, mi corazón se volvía agua cristalina. Un plumero lo desempolvaba mientras le daba caricias. Durante una oración, Mawlana lo vio encerrado en una jaula y, con llaves largas como de puertas medievales, abrió, sonriendo, la puerta de mi cárcel, y volé un vuelo fresco por el cielo violáceo. Un día, ya era Ramadán, me dejé caer en un sillón sobre el regazo de Samia y ella me acarició el pelo como lo hacía mi madre cuando era pequeña. La maternidad se desplegaba sobre mí como velo de seda. *Bismillah irRahman irRahim.* Añoré estar solo en silencio, no verter ni una palabra de más; las palabras insustanciales o sobrantes se me clavaban como puñales («la conversación, especial de parientes y deudos, me parece pesada y que estoy como vendida, salvo con los que trato cosas de oración y de alma» (*Las Relaciones* 1,6), escribió Teresa). A veces, ayunando, me tumbaba en posición fetal, consciente de que había vuelto a un útero que me estaba preparando para un nuevo nacimiento. Mecida por la realidad, abrazada por un Dios que era sobre todo madre, amada; era amada. Más aún: era amor. Yo también era amor. Por la noche me acostaba sin querer salir nunca más de allí. Los sueños eran tan reparadores que me parecía deshabitar el mundo, entraba en mis profundidades, despertaba y entusiasmada comprobaba que sí, sí, seguía en Lefke. Porque entonces ya quería vivir allí. Para siempre. Rezaba para que Mawlana me dijera, justo antes de partir, que para mí era mejor quedarme. Si es mejor para mí, dime que me quede, suplicaba. Quiero quedarme, por favor. Hubiera renunciado a todo lo demás.

Pocos días antes de volver a España, llegó a Lefke una chica chilena, más o menos de mi edad, que vivía en Barcelona y había sido carmelita antes de convertirse al islam. Le habían dado el nombre de Nur. Luz. Conversamos sobre nuestra dificultad para reconocernos musulmanas. Ella me dijo que amaba a Jesús y que le parecía estar traicionándolo. Yo le dije que había algo dentro de mí que no me permitía dar del todo ese paso. Incluso aunque para entonces ya hubiera comprobado que la distancia entre cristianismo e islam era tan pequeña como la que hay de una de mis manos a mi otra mano. Incluso aunque hubiera presenciado cómo Mawlana le recomendaba, a una chica italiana que le dijo sentirse cristiana, que fuera los viernes a la mezquita y los domingos a la catedral. Incluso aunque supiera que Jesús para el islam había nacido también de una virgen embarazada por la *ruh*, el espíritu de Dios, que había sido insuflado en su vientre, que era un profeta y no un hijo de Dios pero que a la vez era, como cualquier otro ser de la creación pero especialmente por estar completamente entregado a su voluntad, también su hijo. El islam, en realidad, no quitaba nada al cristianismo. Solo añadía al profeta Muhámmad. Pero mi corazón no acababa de sentir paz.

Nur y yo cantábamos a veces por las calles del pueblo chipriota el *Nada te turbe* de santa Teresa. Sabíamos, saboreábamos, comprobábamos experiencialmente, justo allí, que de verdad bastaba con Dios. Que solo Dios era Dios. Que le pertenecíamos a Él. Queríamos entregarle nuestra vida; vivir para servirlo, para saberlo, para saborearlo. *La ilaha ilAllah,* no hay nada más que lo Real; nada sino el Ser. *Bismillah ir-Rahman ir-Rahim.* «En el nombre de Dios, el Compasivo, el Misericordioso.» La creación era emanación de su amor. Materialización de su palabra. Quería habitar ese susurro, introducirme en su respiración, escribir para revelarle, dar fe de Él: «Mi intento es que no estén ocultas sus misericordias, para que más sea alabado y glorificado su nombre» (7M 1,1), escribió Teresa.

El día antes de finalizar mi estancia (o retiro) en Lefke, una hermana que regresaría conmigo a Madrid (y que tenía ganas de volver a casa) y yo (que anhelaba quedarme allí para siempre) subimos a despedirnos de Mawlana. Él nos miró, con esa atención que ponía en los demás y que no era de este mundo, y le dijo a mi hermana: para ti sería mejor quedarte. Y nada a mí. Ella quería volver y la invitó a quedarse; yo quería quedarme y su silencio quiso decir que era el momento de regresar. El corazón casi siempre contradice al ego; por eso la obediencia es necesaria para ser libres. Teresa dijo que más incluso que cualquier sacrificio. Y lo escribió así:

> Está claro que no puede uno dar lo que no tiene, sino que es menester tenerlo primero. Pues créanme que para adquirir este tesoro que no hay mejor camino que cavar y trabajar para sacarle de esta mina de la obediencia; que mientras más caváremos, hallaremos más, y mientras más nos sujetáremos a los hombres, no teniendo otra voluntad sino la de nuestros mayores, más estaremos señores de ella para conformarla con la de Dios. (F 5,13)

IV

No sabía que al regresar el destino tenía guardada una sorpresa para mí: tenía veintiocho años y estaba, sin yo saberlo, a punto de casarme. Con Rafa, un amigo psicólogo que colaboraba en la revista universitaria en la que también yo escribía artículos sobre espiritualidad y que se había quedado prendado igual que yo de Mawlana Sheij Nazim. Me había pedido matrimonio meses atrás y le había respondido que no, era demasiado amigo para imaginarlo como marido, pero él aceptó mi respuesta con simpatía (siempre ha tenido mucho sentido del humor) y prometió que esperaría seis meses antes de volver a proponérmelo. Su valentía me conmovió.

Antes de acabar ese plazo, mi corazón empezó a abrirse a la posibilidad de un compromiso con alguien. Me apunté a un gimnasio y nadé en la piscina durante todo el otoño del 2009, entrando a través de una metáfora en contacto con la maternidad, que sin yo saberlo ya se anunciaba. Un chico se interesó por mí en diciembre y necesité comunicárselo a Rafa. Él, que es psicólogo, comprendió que si yo le decía eso en el fondo le estaba tendiendo mi mano o abriéndole una puerta, y lanzó de nuevo su candidatura. Creo que hasta lo dijo así. Hablamos durante cuatro horas una noche por teléfono. Al día siguiente, día de los Santos Inocentes, quedamos para cenar y tomar té, y en una tetería del centro de Madrid me besó. Yo me iba a Chipre el día 30, sentí mucha tribulación. Me fui a casa con la sensación de que era un error besar a uno de mis mejores amigos. Y luego, en sueños, tras pedir a los cielos claridad, una certeza inundó mi corazón, un amor que venía de arriba, un *sí* en un espacio donde no existía el *no*, una apertura que lo llenaba todo. La certeza. Soñé que estaba en un encuentro de hermanos de la *tariqa*. Mawlana se acercaba a mí con un cuenco de sopa y me decía —los ojos penetrantes, esa calidez— que sí, que podía comerme toda la sopa, que toda era para mí. Océanos. Océanos. Océanos. Respondió una vez mi maestro cuando le preguntaron cómo era Dios.

Me marché el día 30 de diciembre a Chipre y dejé a Rafa en Madrid con la certeza, ambos, de que a mi regreso nos casaríamos. ¡Me enamoré hasta los huesos en dos o tres días! Cuando entré en la Guesthouse, ya era de noche, me inundó tal emoción que me puse a tiritar. Era como si mi cuerpo no fuera capaz de asumir tanta belleza. Tiritaba y temblaba, de puro asombro, de puro amor, sobre todo agradecida. El nombre que me dio mi maestro, Mardía, se refiere a un estado particular del alma en que esta se satisface de lo divino y a la vez satisface a Dios. Se llama Mardía a la buena hija. Todo alrededor danzaba. Los sillones se licuaban, el silencio era luz, cada mota de polvo volaba en realidad postrada ante su grandeza; mi cuerpo temblaba mientras se preparaba para recibir una bendición que no me había permitido hasta entonces. Rafa estaba dispuesto a dejar toda su vida anterior y comprometerse conmigo a ser compañeros de camino en nuestra peregrinación. Mawlana me había servido un plato lleno hasta arriba de sopa, toda para mí. O agua de un manantial del cielo. Y esa casa era el lugar más bello que yo jamás vi. Temblaba también porque mi cuerpo sabía (se lo había chivado la realidad) que cuatro días después

Rafa se presentaría por sorpresa en esa casa instado por Dios a viajar también a Chipre. Como un caballero andante. En pleno siglo XXI.

Cuando él llegó, Samia lo metió en la casa (allí casi nunca entraban hombres) y lo puso a cambiar los muebles de sitio. Esta es la primera prueba de matrimonio, dijo, que se celebra en la Guesthouse. Rio pícara. Y luego le advirtió: más vale que te portes bien con ella, porque puedo ser muy mala suegra. Lo invitó a desayunar una sopa mágica hecha en el puchero con las sobras del día anterior y me dijo, con una claridad que venía de otro lugar: *haqq*. Lo que en árabe significa 'verdad'. O lo que es lo mismo: esta unión viene de la Unidad; este matrimonio es para vuestra unificación. Es voluntad de Él. Lo que es, es.

En sus obras, santa Teresa utiliza a menudo metáforas de la vida matrimonial y de la maternidad para hablar del plano espiritual. Ella sabe que toda la creación «es hecha a su imagen» (1M 1,1). En *Las Moradas*, por ejemplo, señala, en cuanto al encuentro del alma con Dios, que

> aunque sea grosera comparación, yo no hallo otra que más pueda dar a entender lo que pretendo, que

el sacramento del matrimonio. Porque aunque de diferente manera, porque en esto que tratamos jamás hay cosa que no sea espiritual […], porque todo es amor con amor, y sus operaciones son limpísimas, y tan delicadísimas y suaves que no hay cómo se decir, mas sabe el Señor darlas muy bien a sentir. (5M 4,3)

Rafa y yo marchamos a la casa de Mawlana a pedir permiso para casarnos, y entonces bajó del piso de arriba Sheij Hisham, uno de sus discípulos más antiguos, preguntando (sin nosotros haber dicho nada aún) dónde estaban las parejas esperando para casarse. Dijimos sí, ambos, el día 5 de enero, regalo de Reyes Magos, pocos días después de empezar a salir, porque tuvimos certeza de que nuestra unión venía del cielo, y porque fuimos capaces de saltar al vacío por un acto de fe y amor. El matrimonio es la mitad del camino, dicen, entre bromas, los sufíes. Un pie en este mundo y otro en el más allá. Si la creación estaba hecha a imagen del Creador y la metáfora mejor que había encontrado Teresa para hablar del amor entre el alma y Dios era el matrimonio, ¿no sería el matrimonio un modo de vivir aquí un amor que no era de aquí? La materia revelando el espíritu, dos cuerpos uniéndose para ser uno, para ser

Uno. Posibilidad a la trascendencia, creatividad que se multiplica, los amantes no se engolfan, ni se aíslan, ni se pierden mirándose solo entre sí: caminan de la mano, reman juntos en la barca, se reflejan el uno en el otro y pulen sus aristas, ponen amor en las heridas, se complementan, emprenden juntos una aventura que no tiene fin. Sus ojos puestos siempre en el horizonte. Viviendo como metáfora el significado de su unión. Mawlana Sheij Nazim dijo una vez:

> Yo he estado treinta y tres años con mi esposa, pero ella sigue siendo para mí como fue la primera noche. Este es un regalo de mi Señor para mí, porque estamos pidiendo a través del amor de ella el amor real de Allah Todopoderoso. Y esta es la enseñanza más perfecta para la humanidad: crear una relación desde este amor y desde allí saltar al Amor de tu señor. (ADIL, 2003: 18)

El mismo 5 de enero, por la noche, tras un *dikr* (que significa a la vez recuerdo y recitación, en este caso de los nombres divinos), un hombre al que Rafa no volvió a ver le dijo que pidiéramos a Mawlana dos nombres para nuestros hijos, que nacerían nueve meses después. Quizá fue un ángel.

Yo, mientras tanto, giraba, en la parte alta de la mezquita, con una niña rusa de cuatro años que anunciaba sin yo saberlo mi pronta maternidad.

Regresamos a Madrid pocos días después, subidos en la cresta de la ola, dispuestos a vivir juntos, sin estabilidad económica alguna, pero con la bendición que acompaña al *sí* que uno responde cuando viene una llamada del cielo. Nos sabíamos amados por Dios y Él no deja nunca desnudos, si acompasamos con Él nuestra vida, a los lirios del campo.

Las primeras semanas, mientras buscábamos casa, las pasamos en el piso de una hermana sufí que se había ido de viaje a Chile. Allí supimos, enseguida, con felicidad y esperanza, que me había quedado embarazada. Mucho más tarde me enteré de que esperaba dos bebés.

En abril falleció mi tío y fuimos a Ávila para despedirlo. Y en junio hospedamos durante una semana a nuestra hermana Jairiya, alemana, que había vivido durante veinte años al lado de Mawlana y a la que él había enviado a España a transmitir su *baraka* y su conocimiento. A mí, ella me ayudó a limar mis prejuicios sobre el trato a la mujer en el islam. Y una mañana soleada, ya al final de la primavera, le hablamos de san Juan y santa Teresa y nos fuimos con ella a visitar Ávila y Alba de Tormes.

Jairiya parecía salida de *La guerra de las galaxias*. Con solo verla, uno sabía, y eso que eran tiempos de paz, que a la vez era una monja y una guerrera. Alta y grande, firme con la palabra, determinada en su compromiso con la oración, enseguida comprendí, antes incluso de entrar en el Convento de la Encarnación, que nuestro encuentro con Teresa y sus lugares sería muy significativo. Recitamos *salawats* (oraciones al profeta Muhámmad) en la Capilla de la Transverberación, y la alemana me puso el bastón en la tripa porque, decía, la santa y san Juan querían bendecir mi embarazo. Dentro de mi vientre, una energía amorosa parecía fluir en círculos, como tejiendo una morada cálida para mis dos bebés, entonces aún gusanitos en su crisálida. Hicimos *dikr* en la pequeña capilla que los carmelitas descalzos construyeron en la casa natal de Teresa, visitamos los Cuatro Postes, en las afueras, donde la tradición dice que ella fue encontrada por un familiar cuando escapó de casa para buscar el martirio en tierra de musulmanes. Y yo andando sus pasos para convertirme al islam. Buscando la salvación en tierra de cristianos. Pasamos a saludar a mi abuelo, al que le costaba ya llevar vida independiente, y luego, después de rezar la oración del mediodía, partimos hacia Alba de Tormes. En el *maqam* o tumba de la santa, Jairiya volvió a sacar el bastón, recitó algunas suras del Corán y *salawats*, levantó el dedo derecho pronunciando la *sahada* o profesión de fe y conectando (mediante el *bayat* o iniciación sufí) a Teresa con nuestro maestro. Yo no entendía nada. Dios siempre sabe más. Pero ella dijo que la santa estaba muy contenta con nuestra visita y feliz de escuchar nuestras recitaciones. Lo que sucedió más allá de eso, lo desconozco. Solo recuerdo la sensación de estar asistiendo a un hecho muy bello y lleno de amor. Y la certeza de que mi vocación tenía que ver justo con eso.

Casi al final del embarazo, fui con mi marido y varios hermanos a un encuentro sufí con otro discípulo antiguo de Mawlana, Burhanuddín Herrmann, en Segovia, en el Convento de san Juan de la Cruz. Imaginé ponerme de parto bajo su techo. Por las noches tuve sueños de esperanza y comprensión; tenía la sensación de que el parto iría bien. Me sentía confiada. Me senté varias veces junto al sepulcro, el *maqam*, del autor del *Cántico espiritual*. Para el sufí, visitar la tumba de los santos es también un modo de oración. *Maqam* es la estación espiritual a la que llegaron. Aunque su alma voló, al acercarnos a su cuerpo, nos ponemos en su presencia. Es posible allí limpiar el corazón, desanudar problemas, sentir su carisma particular, tener intuiciones o recoger llaves para abrir la puerta de la morada siguiente.

Después de asistir, el domingo por la tarde, antes de regresar a casa, a una misa en latín, Rafa y yo sentimos que nuestro camino pasaba por posibilitar el encuentro interreligioso. Mi vocación bebía de las fuentes cristianas tanto como de las musulmanas.

El parto de mis gemelos fue muy complicado. Uno de ellos murió horas antes de empezar yo con las contracciones. Cuando llegué al hospital, me intervinieron de urgencias para comprobar que a uno de los dos niños no le latía el corazón, que el otro quizá tendría secuelas y que yo estaba exhausta y con una grave infección. Permanecí cuatro días en reanimación sin conocer a mi hijo. Al parecer, me debatía entre la vida y la muerte. Fueron horas infinitas. Sabía que mi pequeño estaba justo en la planta de encima e intentaba comunicarme con él. Me daba vergüenza incluso conocerlo. Una tarde, desesperada por las noticias que me llegaban de que el niño bizqueaba demasiado o estaba muy tenso, le pedí a Dios, con todo mi corazón, desde el lugar quizá más bajo en el que yo he estado, completamente indigente, consciente de mi pequeñez, suplicante, una señal de su misericordia. Lloraba desesperada. Por favor, le pedía. Con esto no voy a poder.

Y entonces, inmediatamente, llegó frescor a mi pecho. Tuve certeza en ese momento de la fuerza de la oración sincera, de lo cerca que uno puede sentir a Dios cuando se despoja de su orgullo, del rezo como camino para colocarnos exactamente en nuestro lugar frente al Creador. «La humildad es andar en verdad, que lo es muy grande no tener cosa buena de nosotros, sino la miseria y ser nada; y quien esto no entiende, anda en mentira» (6M 10,7), escribió Teresa; y después de reflexionar mucho sobre esta cualidad en *Camino de perfección,* anotó:

> Esta le trajo del cielo en las entrañas de la Virgen, y con ella le traemos nosotras de un cabello a nuestras

almas. Y creed que quien más tuviere, más le tendrá, y quien menos, menos. Porque no puedo yo entender cómo haya ni pueda haber humildad sin amor, ni amor sin humildad. (c 16,2)

Creo que nunca he vuelto a rezar con la actitud que tuve aquel día. El caos lo había descolocado todo, mi vida se asomaba al abismo; mi lugar frente a mi familia, su lugar en relación a mí, la muerte y la cercanía de la muerte, la vida y el paso de la no maternidad a la maternidad, fue un suceso para mí abisal. Me quedé desnuda, completamente; todas mis murallas derribadas; humilde, por indigente. Desde ese dolor, recé como nunca; pedí una señal de su misericordia. Y la respuesta llegó. Con nitidez inaudita. Incluso lo más doloroso es señal de su amor. Yo no podía con esa situación y Él puso en mi corazón la certeza de que nunca me cargaría con más peso del que pudiera asumir, que me estaba escuchando, que me llevaba de la mano. «Allah no pide nada a nadie más allá de sus posibilidades», dice el Corán (2,286). La sinceridad abre las puertas al milagro.

Al cuarto día pareció que yo respondía a la medicación y decidieron subirme a la planta de maternidad. Saleh (el maestro nos dijo después que lo llamáramos Abraham, padre excelso), me esperaba dormitando en una incubadora de plástico transparente, delgado y con espasmos, al parecer muy tenso. Creí que no podría tomarlo en brazos (me sentía tan avergonzada), pero mi marido, que había ejercido esos días de madre del niño, me calmó y lo puso sobre mí. Lo posó, en realidad, sobre mí. Me lo presentó. Pajarillo. Ahora me tocaba intentar pegarlo a mi pecho, darle todo el amor del que fuera capaz, tenerlo cerca para compensar la distancia de sus primeros cuatro días de vida. Los médicos no sabían hasta dónde había podido llegar el sufrimiento fetal. Podía tener secuelas irreversibles. Pero, cuando con cuatro meses lo llevamos con nosotros a Chipre a que lo bendijera nuestro maestro, él compartió con el pequeño su saliva, le pellizcó suavemente la mejilla, le sonrió con ternura infinita, y yo comprendí que milagrosamente el niño estaba bien. Fuimos con él al cementerio de Lefke a visitar el *maqam* de Hajja Amina (la mujer de Mawlana) y, sentados junto a la tumba de la santa, Rafa y yo tuvimos exactamente la misma visión: la mujer de Mawlana sostenía en su regazo, del mismo modo en que yo sostenía a

Abraham, a su hermano gemelo muerto, Mumtás, convirtiendo nuestra vida aquí en envés de lo que sucedía allí; uniendo el *dunya* (el mundo visible) con el *ájira* (el espiritual).

Abraham, como para tranquilizarnos, habló antes de tiempo, anduvo a los diez u once meses y mostró, una y otra vez, que, a pesar de su traumática venida al mundo, estaba bien. Estaba bien. Gracias a Dios.

Teresa utiliza con frecuencia en sus obras la metáfora del pecho materno nutriendo al bebé. De nuevo se asoma a un acto natural para hablarnos del mundo espiritual. Dios en este caso como Gran Madre:

> Porque de aquellos pechos divinos, adonde parece está Dios siempre sustentando el alma, salen unos rayos de leche, que toda la gente del Castillo conforta, que parece quiere el Señor que gocen de alguna manera de lo mucho que goza el alma, y que de aquel río caudaloso, adonde se consumió esta fuentecita pequeña, salga algunas veces algún golpe de aquel agua para sustentar los que en lo corporal han de servir a estos dos desposados. (7M 2,6)

Y escribe en *Camino de perfección*:

> Está el alma como un niño que aún mama cuando está a los pechos de su madre, y ella, sin que él paladee, échale la leche en la boca por regalarle. Así es acá, que sin trabajo del entendimiento está amando la voluntad, y quiere el Señor que, sin pensarlo, entienda que está con Él y que solo trague la leche que su Majestad le pone en la boca y goce de aquella suavidad. (C 31,9)

Para mí, con la maternidad, de alguna manera, empezó todo. La entrega diaria que requiere cuidar a un hijo es en sí camino de perfección. Desde la concepción es una escuela de receptividad. La Virgen María como modelo y receptáculo del amor. Humildad radical, y de ahí su magisterio, decía Teresa. En mí, la semilla la puso un hombre, pero en el fondo también la puso Dios. Un regalo que crece en el vientre; una joya inefable y preciosa; conocida y a la vez desconocida; de mí y de Otro; y otro, y Otro. En una realidad única, el espíritu se materializa y la materia se vuelve espíritu. No hay distinción. Accedí al secreto de quien consagra también su cuerpo.

He tenido desde entonces otros dos hijos. El parto exige la aceptación de la muerte; el trigo ha de morir para dar sus frutos. Y al partirse la madre literalmente en dos, en el extremo del dolor, cuando lo da todo (se da a sí) el dolor se apaga y el hijo sale a la vida. El nacimiento también como acto de amor. La creación como signo de su misericordia. La lactancia como trasvase no solo de alimento. El cuidado diario, noche y día, simplificando hasta el extremo la vida (dormir cuando el bebé te deja, darle de comer si tiene hambre, descansar si él descansa y cambiarle el pañal cinco o seis veces), hace «de la necesidad virtud» (c 32,4) y enseña, mediante la privación del tiempo libre, vida completa entregada a otro, que por amor uno puede también ser completamente de otro y, por entregarlo todo, libre de sí y de verdad libre; la sumisión a lo real es la única libertad posible. San Juan lo supo bien cuando creó, encerrado en una cárcel o letrina toledana, el poema tal vez más bello que nadie le haya dedicado al vuelo (la libertad) del alma en busca de su amado.

Todo eso a mí me lo ha enseñado la maternidad. Y muchas otras cosas: un amor que siempre crece porque el corazón no se divide, sino que se multiplica, con la llegada de cada nuevo bebé al mundo (Dios, decía Teresa, «si da mucho, hace […] hábil el alma para que sea capaz de beber mucho» [c 19,9]); una experiencia constante de unidad, porque el amor a un hijo es a la vez escuela de apego (cuando está dentro eres tú, los primeros meses depende por completo de ti, los primeros años requiere de tu mirada constante) y desapego (en el fondo, desde que nace el objetivo es irle diciendo poco a poco adiós, porque su destino no te pertenece, sino a Dios, y porque la vida siempre va hacia adelante), o unión de contrarios; y una vivencia directa de lo que significa aquello de que cada hijo viene con un pan bajo el brazo; un pan que es material y también espiritual, abre puertas en tu alma, te asoma a nuevos rostros del misterio, te hace renacer.

«El paraíso está a los pies de las madres», reza un dicho del profeta Muhámmad (la paz y las bendiciones sean con él). Comprendí para mí estas palabras cuatro o cinco días antes de mi último parto (del que nació en diciembre del 2014 la pequeña Fátima), despierta de madrugada, aún de noche, sola y en silencio, con contracciones regulares, mientras danzaba aligerando mi cadera, o rezaba porque orar es todo lo que haces en la vida si lo haces entregada a lo real: «Lo que más os despertare a amar, eso haced» (4m 1,7).

Envuelta en ese estado tan bendito y excepcional, puerta al milagro, comprendí con el corazón y no la razón que el cielo está a los pies de las madres porque su entrega a Dios radica en un trabajo con la tierra, en un entrañarse paulatino, en un enraizamiento que permita a sus hijos generar ramas fuertes. Santa Teresa sabía que había un destino particular para cada cual, que Dios nos hacía a cada uno distintos y con unos dones únicos, que la entrega a Dios podía hacerla del mismo modo Marta que María, que iban «casi obrando juntamente en vida activa y contemplativa» (v 17,4). Lo sabía porque vivía desde el lugar en el que se unen los contrarios, en el que se trascienden, donde «el Señor, como conoce a todos para lo que son, da a cada uno su oficio, el que más le conviene a su alma y al mismo Señor y al bien de los prójimos» (c 18,3). Y lo sabía porque había llegado a la estación en la que uno comprende que orar es todo aquello que uno haga para encontrarse con Él y vivir desde Él: «Cuando la obediencia os trajere empleadas en cosas exteriores, entended que, si es en la cocina, entre los pucheros anda el Señor, y ayudándoos en lo interior y exterior» (f 5,8).

Tras volver a leer a Teresa siento que si el matrimonio y la maternidad son metáforas recurrentes en su obra es porque son buenos ejemplos, en la tierra, de cómo debe funcionar el cielo. El sufismo es justo eso: la vida completa como metáfora del más allá. Lo material como espejo y llave para lo espiritual; un pie aquí y otro allí. El matrimonio como unión para la Unión y la maternidad como receptividad para la Recepción. Si estamos hechos a su imagen y semejanza, todo lo que Dios puso en nosotros es su huella constante. Él no juega a los dados, ni hace fotocopias, ni quiere que se desperdicie ninguno de los elementos que nos componen. Es posible volver sagrada cada una de nuestras cualidades. Cada uno de nuestros actos cotidianos. Entregarle a Él cada pisada sobre esta tierra. Sacralizar la materia.

v

El enraizamiento que me ha permitido la maternidad (tan necesario para mí, que me dediqué hasta los veintiocho años a sobrevolar la vida) ha sido llave para empezar a devolverle al mundo un poco de lo recibido. Cuando Teresa se pregunta en sus obras cuál es la señal verdadera de que los regalos de la oración vienen de Dios y no del demonio, siempre responde que de nada sirve rezar y tener arrobamientos o experiencias espirituales si de allí no nacen obras. O lo que es lo mismo: la oración verdadera es inseminación. Provoca a la larga florecimiento y frutos: «Para esto es la oración, hijas mías; de esto sirve este matrimonio espiritual: de que nazcan siempre obras, obras. Esta es la verdadera muestra de ser cosa y merced hecha de Dios» (7m 4,6). En ella hay un encuentro que acaba provocando una reforma y hartos trabajos para fundar aquí y allá nuevos conventos. Se la puede imaginar, al leer las *Fundaciones*, haciendo cuentas o buscando los apoyos económicos necesarios para establecer sus comunidades. En la sexta morada, el orante tiene deseos de morirse y un dolor que es a la vez dulce por no poder encontrarse ya en la otra vida con el Creador. En la séptima morada, sin embargo, los peregrinos en busca de su centro («Conócete a ti mismo y conocerás a tu Señor», dijo el profeta Muhámmad, la paz y las bendiciones sean con él), al unirse con Dios, «no solo no desean morirse, mas vivir muy muchos años padeciendo grandísimos trabajos, por si pudiesen que fuese el Señor alabado por ellos, aunque fuese en cosa muy poca» (7M 3,6).

En mi experiencia, la certeza de que los regalos recibidos son reales y no inventados, de que vienen de Dios y no del ego, existiendo, en cada paso, sin embargo, peligro de caer, es la lenta conversión de toda la vida en algo verdadero. Las raíces crecen tanto como las ramas; uno habita hasta el fondo lo concreto y entonces su experiencia se vuelve universal; solo estando en lo que nos concierne puede producirse un encuentro real con el otro; la sinceridad y el amor hacen cada vez más bella la vida y no hay trampa ni cartón. Uno da porque es más lo que recibe; y uno ama, en profundidad, cuando se sabe amado sin condiciones. Como ha hallado el sentido, cada paso que da es significativo, pero no habita la existencia como un detective de signos; ellos lo atraviesan, vive con la inocencia del niño cada día, rebosa su entusiasmo y se hace pequeño (esa es la humildad de la que habló con tanta belleza Teresa) porque reconoce (y a la larga refleja) la grandeza de Dios. La humildad es simplemente ser capaz de ocupar el lugar que nos ha sido asignado. Aceptarlo con el corazón abierto, agradecidos y sorprendidos de su belleza. «La humildad es andar en verdad» (6M 10,7), escribió Teresa. Y en *Camino de perfección,* dijo: «No está la humildad en que si el rey os hace una merced no la toméis, sino tomarla y entender cuán sobrada os viene y holgaros con ella» (C 28,3).

Los últimos cinco años han sido para mí de maternidad y, gracias a ella, de un paradójico ensanchamiento del tiempo. Como el día a día es tan intenso y concreto cuando se tienen hijos pequeños (ahora mismo tres), casi no queda espacio para nada más; eso parece y, sin embargo, todo lo que se hace en ese pequeño espacio se torna auténtico, significativo, más bello y floreciente. Gracias a que mi vida ahora merece la pena (y a que cada ráfaga de energía está puesta en su lugar) puedo escribir sin neurotizarme, volviendo mi literatura lugar para expresar lo real en vez de espacio para la evasión, la ficción y el engaño. Porque la realidad es mucho más mágica que cualquier mundo fantástico. Porque vivir de verdad pasa por renunciar a todo lo que no nos concierne.

Mawlana Sheij Nazim nos dijo —en aquel viaje de febrero del 2011, cuando Abraham, mi hijo mayor, tenía cuatro meses—, al preguntarle nosotros si era posible abrir nuestra casa a talleres de espiritualidad y labores psicológicas, que publicáramos una revista (hicimos una web), que invitáramos a nuestra casa a la gente a tomar té y sopa y que el corazón de mi marido notaría frescor al dirigir meditaciones sufíes. Estábamos dispuestos a ponernos a su servicio, ciertos de la fuerza inaudita de su corazón. Poco después, empecé también a dar clases de secundaria y, a finales del 2011, una nueva casualidad nos llevó al Monasterio de los Carmelitas Descalzos de Toledo, donde organizamos un taller de giro sufí con el maestro derviche Sheij Ahmed Dede, discípulo de Mawlana Sheij Nazim. Ciudad significativa también para Juan y Teresa.

Desde la ventana de la sala donde se celebraba el seminario, se podía ver la mezquita del Cristo de la Luz; de nuevo el Carmelo nos acogía con los brazos abiertos. Para mí, la señal era clara, como una flecha amarilla: por ahí debíamos seguir. Al comentarlo con Sheij Ahmed Dede, nos sugirió que nuestra vocación tenía que ver con favorecer el diálogo interreligioso, convivir con la gente cristiana sin querer convertir a nadie, promover el encuentro sin ninguna pretensión. Pretender algo del otro mata de alguna manera al Otro. No sabíamos, no sabemos, para qué exactamente lo quiere Dios (*Allahu akbar* significa que Dios es más grande que ninguna otra cosa, que no puede reducirse al nivel de nuestra creencia), pero estamos seguros de que lo quiere. El lema de la *tariqa* Naqshbandi lo certificaba: la bendición está en el encuentro.

Desde entonces, los actos interreligiosos se siguieron posibilitando desde el cielo: conferencias en Ávila, encuentros en Madrid, conocimos a monjes cistercienses y a curas escritores, a buscadores con sed y a cristianos interesados en lo psicológico, a yoguis y a chamanes, a carmelitas estudiosos de santa Teresa y a cristianos nuevos abiertos a la mística del islam. Yo también acudía a ellos para aceptar mi propia identidad. Era como si necesitara de la aprobación de un cristiano de verdad para reconocerme yo misma como musulmana.

En septiembre del 2012, a punto de parir a mi segundo hijo (se llamaría Omar, si era niño), Rafa tuvo que marchar a Ávila a participar en un seminario sobre psicología y espiritualidad en el CITeS. Al día siguiente, mi hermana Patri y mi prima llegaron en peregrinación a Santiago de Compostela, intuyendo que el bebé estaba a punto de nacer, porque a su paso encontraron un bar Omar y una iglesia de Santa Marta. Casi al momento empezaron las contracciones, mi amiga matrona estaba de guardia en el hospital y Rafa acababa de volver de Ávila. El parto fue rápido y doloroso; Omar nació sano y cuando sonaba el *Bismillah ir-Rahman ir-Rahim* en el *dikr* dirigido por Jairiya, que escuchábamos en la sala de dilatación. Todo nacimiento es un acto de amor: señal inequívoca de que la creación es emanación amorosa.

En febrero del 2014, falleció en Ávila, también en la clínica de Santa Teresa, mi abuelo José, con ochenta y nueve años. Murió de viejo, lentamente, para reunirnos una y otra vez a sus seres queridos y para enseñarnos que la vida es un suspiro y que solo tiene sentido si es para ponernos al servicio de Dios, para plantar semillas o reflejar su amor. Lo demás se disipa como el polvo. Entramos a la vida por una puerta y salimos por la que hay al otro lado de la habitación. Creo que murió bien. En el tanatorio pedí —lo anhelaba— quedarme de nuevo embarazada y vi —intuí, noté de repente— una puerta que se abría. No sé muy bien si era para que mi abuelo se marchara o para que entrara poco a poco el alma (y se fuera formando el cuerpo dentro de mí) de la dulcecita Fátima, cuya gestación fue una nueva peregrinación, esta de nueve meses. Yo iba hacia mis entrañas y ella hacia mi exterior. La recibimos como caída del cielo el 5 de diciembre, poco después de que yo me diera cuenta, durante la celebración de un *dikr* o meditación sufí, que al fin estaba en paz con mi camino, que había salvado mis prejuicios gracias a tocar la realidad, que podía sentir la paz dentro de mí entre islam y cristianismo. «Os hemos constituido formando pueblos y tribus para que os reconozcáis», dice el Corán (49,13). Y lo mejor: reconocerme finalmente como musulmana (en el sentido de creyente o experimentante de la unidad de lo divino) me permitía vivir más sanamente (y sin pretensiones) mi relación con las otras religiones. Sin culpas de por medio. El místico murciano Ibn Arabi sabía que la realidad no podía ser reducida a una creencia; *Allahu akbar,* nuestra visión de lo real es siempre (y lo será) parcial y limitada, nuestro conocimiento de Él no alcanza a ser más que una gota de un océano sin fin. Cuando el corazón se abre, como dijo en un célebre poema el sufí andalusí, es capaz de volverse morada de todas las formas,

> pradera para las gacelas, monasterio para el monje,
> templo para ídolos y la Kaaba del peregrino
> las Tablas de la Torah y el libro del Corán.
> Profeso la religión del Amor y sea cual sea el rumbo que tome;
> el Amor es mi religión y mi fe.

Un martes de mayo del 2014, cuando salía del instituto, recibí la noticia del fallecimiento de Mawlana Sheij Nazim. Su cuerpo se había ido agotando poco a poco, marchó aunque sus discípulos no parecíamos dejarlo ir, pero al morir no sentí que en realidad se estuviera yendo. Era como si su luz fuera a ser aún más potente ahora. Como si más que partir se hubiera liberado del lastre de su materialidad. Nos daba pena sobre todo no poder volver a mirarlo a los ojos, difuminada ahora su presencia para las capacidades de nuestros sentidos. Por lo demás, nada había cambiado, sino para más fuerza y gloria de su estado espiritual. Él legó el secreto de la *tariqa* Naqshbandi a su hijo mayor, Sheij Mehmet Adil, y enseguida empezamos a comprobar que él portaba la misma luz que su padre. Con su manera particular de vivirlo y su forma concreta de ser, esa humildad que sobrecoge, esa mirada hacia el suelo como si cualquiera mereciera ser el maestro más que él, esa limpieza del rostro. Sheij Mehmet Adil habla poco y sin ningún adorno, hace discursos cortos por respeto extremo al tiempo de quien lo está escuchando, solo puede provocar amor porque a su lado es muy fácil reconocer que lleva el bastón porque es el que menos quiere el poder, que ha sido designado desde el cielo para ser el nuevo maestro porque hubiera aceptado encantado ser el último discípulo, el que limpia los baños o coloca los zapatos a la entrada de la mezquita, el que se contenta con vivir por completo al servicio de Dios. El que es un cero (su padre decía que había abierto una escuela de ceros, porque de lo que se trataba era de volverse nada para reflejar a Dios) porque de verdad venció en la lucha contra su ego. Es muy difícil envidiar a Mawlana Sheij Mehmet y muy fácil amarlo, es como si de su introversión solo pudiera nacer belleza. Su grandeza radica en su pequeñez: en haber sabido colocarse en el lugar exacto frente a lo absoluto. Un cero, pero a la derecha.

En abril del 2015, año del aniversario del nacimiento de santa Teresa, Sheij Mehmet vino a España a seguir con el trabajo que hubiera querido para él Mawlana Sheij Nazim. Viajamos con los niños en coche hasta Barcelona. En la *derga* (centro sufí, con una sala que hace de mezquita y lugar de encuentro), junto al Parc Güell, volví a encontrarme con mi amiga Nur, la hermana chilena que había salido del Carmelo antes de hacerse sufí. Nos reencontrábamos casi seis años después; ella ahora tenía dos hijos y yo tres. Recordamos nuestros momentos juntas cantando el *Nada te turbe* por las calles de Lefke y acompañamos al *sheij* y otros hermanos a lo alto del Parc Güell para disfrutar de la vista de la ciudad. Entonces —era Viernes Santo—, de repente, pasó junto a nosotros una procesión de gente cantando el *Nada te turbe* de santa Teresa. Allí, tan cerca del Jesús crucificado como del maestro sufí. «Solo Dios basta» se dice en árabe «Hasbun Allah», mantra que repetía incansablemente nuestro maestro Mawlana Sheij Nazim los últimos años de su vida. *La ilaha il-AlLah.* Solo hay Dios. No hay más que Dios. Ha entonces de bastar. Nos miramos asombradas. Nos encontrábamos seis años después y el mensaje de los cielos para nuestro encuentro no había cambiado. Comprendimos perfectamente y sin comprender. Santa Teresa estaba de algún modo allí. Y Dios sabe más.

La visita a España de Sheij Mehmet estuvo llena de bendición. Me quedé completamente afónica cuando tenía que ir a trabajar, y así estuve de baja viajando todo un día en la caravana del amor. Él habló poco porque vino más bien a llevarnos a un estado. Cerró lo que tenía que cerrar; abrió otras tantas cosas. En mi caso, el permiso y el soporte para hablar (así lo siento) de mi experiencia espiritual. A su lado era posible entender perfectamente que amar a un amigo de Dios (*awliya Allah*), a uno de sus siervos, a uno de los buenos, es amar a quienes Él ama y, por lo tanto, ponerse de su lado o a su servicio. A través de lo que quizá nos es más fácil. Porque «no está la cosa en pensar mucho, sino en amar mucho, y así, lo que más os despertare a amar, eso haced» (4M 1,7), escribió santa Teresa.

## VI

Escribir a mí me despierta a amar. Decidí hacerlo, por todas las sincronicidades que se dieron, sobre Teresa. Era además el aniversario de su nacimiento. Quise reflejarme en ella. Aprender de ella. Convertirme en receptáculo de sus palabras.

Volví entonces a leer las cuatro principales obras de la abulense, en el mismo orden en el que las compuso: primero el *Libro de la vida*, luego *Camino de perfección*, después las *Fundaciones* y, por último, *Las moradas* o *Castillo interior*. Era fácil comprobar, si se aprovechaba para comprender la evolución biográfica de Teresa, que la primera hablaba fundamentalmente de la llamada de Dios, de cómo se concretó su vocación, de cómo su vida pasó a navegar sin deriva a tener un rumbo y de la importancia de la oración. La segunda, elaborada desde la reflexión de lo vivido, era sobre todo una profundización en las tres grandes cualidades del verdadero buscador espiritual: el amor, la humildad y el desasimiento de las cosas de este mundo. La tercera, otra vez biográfica, completaba el *Libro de la Vida* porque exponía, habiéndose producido ya la unión, sus frutos, a través del relato de la lucha y el triunfo de Dios sobre el demonio. *Las moradas* explicaban, de nuevo desde la reflexión, para ayudar a discernir a quien se interna en la práctica de la oración, qué experiencias eran reales y cuáles no, qué peligros abordaban en el camino y cuáles eran las señales claras de la cercanía entre el alma y Dios, morador único del centro de nuestro castillo.

¿Cómo había de situarme delante de la obra teresiana? La intención que ponemos en lo que hacemos es clave en el sufismo, más que los resultados de la acción. La lectura para Teresa era parte de la oración. «Gran cosa es el saber y las letras para todo» (4M 1,5), escribió en *Las moradas*. En *Camino de perfección,* recomendaba tomar, para orar, *«un libro de romance bueno»* (C 26,10). Y en el *Libro de la vida* decía que «jamás osaba comenzar a tener oración sin un libro; que tanto temía mi alma estar sin él en oración, como si con mucha gente fuera a pelear» (V 4,9).

Me disponía, por lo tanto, a leer con el corazón abierto y atento, sin pretensiones, dispuesta a aprender lo que Teresa tuviera que enseñarme. Su literatura estaría viva en la medida en que su experiencia concreta pudiera tener un eco universal, en la medida en que hubiera prevalecido su sinceridad. Yo también quería escribir así: desde el corazón, y no la mente, desde lo concreto, y no lo abstracto, desde mi experiencia directa, y quería leerla a ella como si ella fuera una madre espiritual, y no como una monja muy elevada y santa y lejana que vivió en España muchos siglos atrás. Si su vivencia de Dios era real, seguramente sus obras latieran todavía con fuerza y me enseñaran esta vez, porque yo era otra (el corazón siempre fluctúa), algo muy diferente a lo que me enseñaron la primera vez que leí el *Libro de la vida* o *Las moradas*.

Cabía hacerse otra pregunta previa: ¿cuál era la intención de Teresa al escribir? ¿De dónde venía su vocación literaria más allá del hecho de que escribiera para sus confesores o sus hijas espirituales? Es más: ¿cómo se reflejaba mi doble vocación en su doble vocación? ¿Y por qué se impuso tan radicalmente su voluntad de escribir, más allá de dudas propias, críticas ajenas y presiones por parte de la Iglesia? O lo que es lo mismo: ¿por qué y para qué escribió Teresa?

Ella suele decir que escribe para poder ser juzgada por un confesor externo que la ayude a discernir la autenticidad de sus vivencias (se somete siempre en última instancia a la autoridad de la Iglesia), por obediencia («me habéis mandado escribir por despertador» [c 2,4]) y por el deseo de transmitir la grandeza de Dios. La literatura es para ella discernimiento, oración y servicio. Aventura de conocerse para dar a conocer al Creador. Enraizamiento para que crezcan fuertes las ramas de su árbol; acto de amor. Y lo escribe así:

> Pues la grandeza de Dios no tiene término, tampoco lo tendrán sus obras [...]. Mi intento es que no estén ocultas sus misericordias, para que más sea alabado y glorificado su nombre. (7M 1,1)

> Sé que no falta el amor y deseo en mí para ayudar en lo que yo pudiere para que las almas de mis hermanas vayan adelante en el servicio del Señor. (c prólogo, 3)

Empecé con el *Libro de la vida*, obra que es en realidad una carta a un confesor. Teresa sabe de su vanidad (en el eneagrama sufí, la vanidad es la pasión básica del tercer eneatipo, que se transfigura para el buscador en autenticidad) y la trabaja criticándose a sí misma, luchando para hacerse pequeña frente a Dios y transmutándola luego en admiración a Él. Teresa no solo relata lo vivido para buscar la aprobación externa, sino que se lo relata también a sí misma, se conoce a través de lo que escribe, limpia su palabra para alcanzar sinceridad y vuelve la literatura modo de oración. Su genialidad radica en haber podido entrar como pocas personas dentro de su alma para hallar en ella a Dios y en haberlo además compartido. Señal de que las raíces (ocultas) crecían fuertes para ver florecer las ramas (o lo exterior). Marta y María siempre juntas. Y una mujer abulense del siglo XVI dispuesta a abrir de par en par las puertas de su intimidad, no por vanidad, sino para doblegarla, para poner su ego al servicio de lo único que importa, porque todo lo que somos, incluso nuestras sombras, puede ser aliado en nuestro camino a Él.

Del *Libro de la vida* me quedo también, como de toda su obra, con la sencillez de su estilo, que se hace uno con la sinceridad que Teresa persigue y que es signo de su vitalidad y su amor: los grandes maestros espirituales lo son precisamente por saber comunicar sus experiencias más hondas a los corazones sencillos. Ellos saben conectar el cielo con la tierra, lo más elevado con lo más bajo, la oración con la acción, saben desplegar una voz polifónica que se comunique a la vez con cada criatura individual, independientemente de su formación, porque nos saben Uno. Jesús empleaba parábolas. Muhámmad era analfabeto. Teresa había leído mucho y era culta y amaba la cultura, pero su literatura fue señal de su generosidad y fue sencilla porque era espejo de una vida verdadera. Por eso sus obras siguen vivas; se puede orar con ellas porque laten aún en nuestros corazones. Dijo para sí algo como lo que pidió a Dios el profeta Muhámmad: «Oh, mi Señor, te pido que me otorgues comprensión, y que me permitas, oh, mi Señor, hacer que otros entiendan.»

Teresa es maestra también para mi literatura. Ojalá pudiera vivir de verdad para escribir de verdad. Hollar la vida para que la palabra sea fruto de un silencio profundo. Literatura de luz. Puesta al servicio no de la neurosis moderna sino de una experiencia auténtica. Porque en la transmisión sincera de lo vivido, como sabía Teresa, se puede remontar el río hasta agarrar la mano de Dios. Y porque lo real es siempre más maravilloso que la más desbordante ficción. Cervantes se equivocó:

don Quijote se volvió loco, poco después de que muriera Teresa, porque creyó, desde su conciencia desengañada, que la literatura (o el anhelo de aventuras de un hidalgo) no podía medirse ya con la vida. La literatura moderna requirió de la demencia de su personaje fundador. Pero la Teresa niña también devoraba libros de caballerías, como Alonso Quijano, o como Francisco de Asís soñaba con ser caballero para ir a las cruzadas a vencer a los musulmanes; la joven Teresa quería una vida heroica, intensa, que mereciera la pena, y su sed de aventuras se volcó, al llegar a la edad adulta, hacia la exploración más grande y la contienda más dura: la búsqueda interior, el desvelamiento paulatino de lo real, la verdadera lucha contra el dragón y el camino sin final hacia el conocimiento de lo divino. Un héroe es en realidad quien se atreve, a pesar de toda tentación, a enfrentar sus sombras.

Después de componer el *Libro de la vida*, fray Domingo Bañes le da a Teresa licencia para escribir a sus hijas del convento de San José (ya fundado) sobre cuestiones de oración. Teresa quiere devolverle al mundo un poco de lo recibido ejerciendo su magisterio. Su propuesta, más aún siendo mujer, es en extremo atractiva por ambiciosa («sed ambiciosos en lo espiritual», dice nuestro maestro), tanto que trasciende su tiempo y su espacio hasta llegar a mí: «¿No es linda cosa que una pobre monja de San José pueda llegar a señorear toda la tierra y elementos?» (c 19,4). En el sufismo se insiste: Dios (océanos, océanos, océanos sin fin) cabe en el corazón humano. Teresa lo sabe. Y para propiciar la entrega cada vez más intensa del alma a Dios, es necesario trabajar fundamentalmente tres virtudes: el desasimiento de todo lo creado, el amor y la verdadera humildad.

Las palabras de Teresa se quedaban a vivir dentro de mí, mientras la leía. La sinceridad de su experiencia conseguía afinar hasta el extremo su palabra. Ella criticaba a quienes decían que era peligroso (en especial para monjas) emprender un camino de oración: «Ningún caso hagáis de los miedos que os pusieren ni de los peligros que os pintaren» (c 21,5). «Peligro será no tener humildad y las otras virtudes; mas camino de oración camino de peligro, nunca Dios tal quiera» (c 21,7). Su arrojo era también señal de su fe. Después hablaba (y sus palabras constituían en sí un acto de purificación para el lector) de las tres virtudes a las que se refería. El desasimiento es en el sufismo, más que desapego, capacidad para no hacer de lo creado un ídolo: es decir, para poner cada cosa en su sitio, con realismo radical. Porque solo Dios basta, solo Dios es, solo hay Ser, no se puede desubicar la creación del lugar exacto que ocupa. Un pie aquí y otro en el más allá. Saber aceptar lo que Dios nos pone en nuestro camino como lo que es: reflejo de otra cosa, huella de su voluntad, con agradecimiento y aceptación. El sufí no busca la pobreza, pero la agradece si la encuentra. No se queda prendado de oros y lujos, pero no los rechaza si Dios los quiere para él, sino que los utiliza en su servicio. Rechazarlos si nos los da es tan apegado como desearlos si no los tenemos.

Teresa se muestra especialmente preocupada por la necesidad de desasirnos de nuestros familiares: «No sé yo qué es lo que dejamos del mundo las que decimos que todo lo dejamos por Dios, si no nos apartamos de lo principal, que son los parientes» (c 9,2). «Por eso hacen bien los que huyen de sus tierras» (c 9,5). El sufí se distancia aquí un poco de Teresa. El matrimonio es parte de la consagración, el cuidado de los hijos es también experiencia de adoración; es necesario respetar a los padres, amarlos, saber que están también ahí por algo, sobre todo la madre. Pero esa importancia de lo familiar es siempre parte de la entrega a Dios, contradecirla sería levantar un ídolo. Los primeros musulmanes vivieron con dolor la ruptura de la relación con sus familiares idólatras.

Teresa habla del amor a las hermanas como desbordamiento del encuentro con lo divino. Sabe que se ama de modo muy diferente cuando se conoce el amor de Dios. Y que el amor se vuelve servicio, anhelo de que las otras personas se salven, respeto absoluto a su camino individual. Hay que intentar no juzgar nunca a la hermana. Ni imponerle nuestra estrechez de miras.

Aún más hondas y hermosas son sus palabras sobre la humildad. Me parecía que describían el modo en que vive mi maestro Sheij Mehmet Adil. Leía a Teresa y lo veía a él. Es esa cualidad que el que la posee no la sabe reconocer dentro de sí, o la tiene precisamente por sentir que no la tiene. Más aún: es la virtud del que sabe situarse en el lugar exacto que ocupa el ser humano frente a Dios. O reconocer verdaderamente la grandeza de lo divino. Mawlana Sheij Nazim hablaba de su casa como de una escuela de ceros. El cero a la izquierda no tiene ningún valor. Pero el que sabe de verdad lo que significa ser un cero, se coloca a la derecha del uno y ahí encuentra su sitio. Eso es humildad. «Miren que la verdadera humildad —escribía Teresa— está mucho en estar muy prontos en contentarse con lo que el Señor quisiere hacer de ellos, y siempre hallarse indignos de llamarse sus siervos» (c 17,6). La humildad se trabaja, para el sufí, como cualquier otra virtud en el camino espiritual, contradiciendo al ego, porque casi siempre se dedica a negar lo que quiere el corazón: «Mostrémonos en contradecir en todo nuestra voluntad» (c 12,3), dice de nuevo santa Teresa.

En las páginas que siguen, la abulense nos habla de la oración vocal (en la que, en vez de repetir palabras mecánicamente, la persona ha de comprometerse con penetrar en lo que significan) y la mental (representándose «al mismo Señor junto con vos y mirad con qué amor y humildad os está enseñando» [c 26,1]), ambas como una, porque la clave no está en la forma en que se rece, sino en que el corazón se entregue; incluso ora el que es activo y no contemplativo si se hace presente en su labor: «Santa era santa Marta, aunque no dicen era contemplativa. Pues ¿qué más queréis que poder llegar a ser como esta bienaventurada?» (c 17,5). Teresa, que no vive ya imponiendo lo que ella es a los demás, sabe bien que aunque la oración mental le haya supuesto el encuentro con Dios, Dios da a cada uno unos dones y el modo concreto de llegar a Él a través de ellos. La oración vocal se hace mental si es sincera: si uno accede al significado y los secretos de las palabras que pronuncia. Hay gente que consigue con la oración vocal lo que otros logran con la mental: saber quiénes somos, bucear en el ser de Dios y comprender nuestra misión en esta vida. De nuevo el hadiz: «Conócete a ti mismo y conocerás a tu Señor.»

El *salat* u oración musulmana es vocal y mental, incluso corporal. Mientras se reza, se pronuncian suras, *salawats* al profeta y atributos divinos. La postración es el resumen de la relación del ser humano con el absoluto: amor, desasimiento de todo lo demás y humildad se unen cuando el creyente posa la frente sobre el suelo. Un momento además en que la cabeza está debajo del corazón. Física y espiritualmente. La sucesión de posturas permite no recrearse en exceso en el arrobamiento; la visión o experiencia extática no es valiosa por sí misma si no está puesta al servicio de algo más grande: de lo que es más grande que.

En el *dikr* o meditación sufí, cuyo significado es 'recuerdo' y a la vez 'recitación', los hermanos de una *tariqa* (que suele traducirse como camino estrecho) se sientan en círculo a recitar, en voz alta o en silencio, suras del Corán, *salawats* y atributos divinos. Mediante la repetición de palabras, se abre una puerta al silencio del que proceden. El *tasbih* o rosario musulmán se sostiene entre los dedos para contar cada vez que se pronuncia un nombre.

Los otros pilares del islam: el ayuno en Ramadán (y otros ayunos no obligatorios, que se pueden realizar durante el año), la limosna y la peregrinación, si es posible, en vida, a La Meca, complementan la oración y el testimonio de la unidad del ser y el reconocimiento de Muhámmad como mensajero, para propiciar al caminante distintos modos de acercarse a lo absoluto. Para Teresa, orar es todo aquello que se hace desde el amor. Sabe que vida contemplativa y activa van unidas. Los cinco pilares del islam propician la entrega a Dios desde distintas facetas de lo humano. La peregrinación es acercamiento mediante la acción, los pies en la tierra, rimar los pasos con el latido del mundo, dejar atrás todo lo innecesario, poniendo el cuerpo también al servicio de Dios. La limosna es dar un poco de lo recibido, no solo para dar sino también para recibir, porque el creyente sabe que recibir y dar son una misma cosa y porque acostumbrarse a hacerlo permite comprender que en realidad nada de lo que tenemos es nuestro y que estamos unidos también con los otros seres; lo que obtenemos no es solo para nosotros y lo que damos no es solo para los demás. El ramadán es el mes más bello. Se ayuna todo el día y cada noche es una fiesta. Se ayuna para comprender que «no solo de pan vive el hombre». Someter el cuerpo a esta pequeña ascesis (asequible para cualquier persona adulta sana) posibilita una limpieza de los pequeños vicios diarios y fortalece la disciplina para purificar el cuerpo y el corazón y estrechar los lazos con los cielos. El ramadán es para Dios; dicen que este mes está protegido de la acción del demonio. Los egos se apaciguan. A última hora de la tarde, antes de anochecer, después de horas sin beber ni comer, cuando la luz cae y tiñe el paisaje de tonos dorados, el aire se vuelve a la vez más denso y más sutil, como velado y desvelado, y el rostro parece atravesado por agua cristalina. El corazón siente entonces la dicha de quien se entrega a Él; un amor sosegado y paciente cuida cada palabra. Y el alma es libre, el cuerpo casi no pesa, habitas un espacio que no parece de esta tierra.

Teresa finaliza su *Camino de perfección* resumiendo su contenido en una intención: «porque todo lo que os he avisado en este libro va dirigido a este punto de darnos del todo al Criador y poner nuestra voluntad en la suya y desasirnos de las criaturas, y tendréis ya entendido lo mucho que importa, no digo más en ello» (c 32,9).

En el *Libro de las fundaciones*, la tercera gran obra de Teresa, esta regresa a lo biográfico desde una etapa más madura y cuando el camino de oración ya está dando sus frutos: la reforma y la fundación de conventos. La santa cuenta detalladamente las circunstancias en que se gestó la apertura de cada monasterio y no lo hace porque le encante recrearse en sus logros o tratar de menudencias, sino precisamente para todo lo contrario: para que se vea en la vida más concreta de una monja de Ávila la huella de Dios, para que se capte, en lo más azaroso, lo más significativo. García de la Concha escribe: «La tarea reformadora es contemplada por Teresa de Jesús como contienda entre Dios y el demonio» (F, p. 19), «en la que Dios termina siempre por triunfar» (F, p. 31). Él le ha prometido en oración: «Espera un poco, hija, y verás grandes cosas» (F 1,8). La infatigable buscadora ya se ha hecho una con la voluntad divina (*Vida*), ha trabajado las virtudes necesarias y perfeccionado su modo de oración (*Camino de perfección*). Ahora es el momento de devolverle al mundo lo recibido, de mostrar la verdad de su encuentro mediante el relato de sus efectos: las fundaciones son esas obras de las que habla como fin último del que ora. Obras que son en sí un nuevo modo de rezo. Fructificación de toda una vida. Florecimiento. Revelación de Dios a través de una biografía. Obras que no son cosa de la monja sino en realidad voluntad divina. Ella escribe sobre sí para hablar de Él.

Es hermoso leer cómo la voluntad de Dios se impone a toda duda de Teresa, a toda dificultad material, a los escollos del camino y las pruebas del demonio. «El amor de contentar a Dios y la fe hacen posible lo que por razón natural no lo es» (F 2,4), escribe. Cuando el creyente es al fin amado por Dios, dice el hadiz, «me convierto en la oreja a través de la que oye, el ojo con el que ve, la mano con la que coge y el pie con el que camina».

Teresa aprovecha para hablarnos en las *Fundaciones* de otras personas santas, la mayoría mujeres entregadas a Dios, con las que ella contacta y que sirven de un modo u otro a su reforma. Y nos dibuja, de ese modo, la manera en que Dios se valió de los humanos para hacer posible el destino reformador de la abulense, incluso a pesar de las voces que se levantaban contra ella y las trabas que le ponía la Inquisición.

La última gran obra de Teresa, *Las moradas* o *Castillo interior*, es un intento de traer el silencio a la palabra, de poner a Dios (o el corazón, esa séptima morada) por escrito, de hacer un viaje de vuelta desde la conciencia de la unidad hacia el discernimiento del camino. O desde el mar hacia el manantial. De nuevo, acto de amor.

Santa Teresa pide ayuda para que sea Él, y no ella, quien escriba el libro; ella quiere escribir con el oído más que con la pluma: «Envía, Señor mío, del cielo luz» (5M 1,1). Y añade: «Si el Señor quisiere diga algo nuevo, su Majestad lo dará o será servido traerme a la memoria lo que otras veces he dicho» (M prólogo, 2).

La obra cumbre de Teresa nos presenta el alma como un paraíso, «como un castillo todo de diamante o muy claro cristal, adonde hay muchos aposentos, así como en el cielo hay muchas moradas» (1M 1,1). Su descripción sobre lo interno parece hablar del jardín de la casa de Mawlana Sheij Nazim.

La mística empieza el libro en 1577, ya con más de sesenta años, pero podemos verla penetrando en las habitaciones más internas de la fortaleza como esos caballeros con los que soñaba cuando era niña. La aventura interior es siempre la más bella.

El viaje está relatado como expresión del discernimiento entre los distintos estados. La santa hila fino aquí, define cada estación en toda su complejidad, refiere que se puede ir de una a otra y que, después de haber alcanzado un lugar más céntrico en el alma, también existe peligro de regresar. Alejada de todo maniqueísmo o simplificación, Teresa es capaz de expresar la complejidad de cada situación como quien ha reconocido, penetrado, asumido para sí la unidad del ser. Solo desde la unidad es posible comprender hasta el fondo la diversidad. Solo el que se ha entregado a lo que no tiene límites puede no imponer sus propios límites a los demás. Para discernir de verdad, también necesitamos haber experimentado el uno. Si no, iremos por la vida dando tumbos.

«La puerta para entrar en este Castillo es la oración y consideración» (1M 1,7), escribe Teresa al inicio del libro. En las moradas segundas, donde están los que ya oran, es necesario trabajar para ir poniendo poco a poco la voluntad propia en consonancia con la divina; en las moradas terceras hay muchas personas, aquellas que se cuidan de hacer lo que pide Dios, pero usan en exceso la razón para imponer lo que viven a los demás; Teresa insiste: «No está el negocio en tener hábito de religión o no, sino en procurar ejercitar las virtudes y rendir nuestra voluntad a la de Dios en todo» (3M 2,6). En la cuarta morada, se produce un ensanchamiento del corazón que genera una gran alegría, pero estas emociones espirituales están mezcladas aún con nuestras pasiones y propician también sollozos que no vienen de Él. Otra vez Teresa repite el fin último del que ora: «Lo más sustancial y agradable a Dios es que nos acordemos de su honra y gloria y nos olvidemos de nosotros mismos» (4M 3,6). En la morada quinta, el gusano ya se ha convertido en mariposa, lo que pacifica el alma, pero esta no se satisface de lo creado y eso no le permite hallar un sitio donde descansar. Surge entonces un peligro, del que Teresa nos alerta: los regalos recibidos pueden generar amor propio. En la sexta morada, habiendo abandonado el orante el amor a sí, entregada su voluntad a la de los cielos, se siente a la vez dolor y dulzura en el corazón: dulzura por la unión, dolor por la conciencia de vivir una vida en la que aún hay separación. «Es harta pena, aunque sabrosa y dulce» (6M 2,2), escribe Teresa. El alma empieza a saber entonces muchos secretos y se acerca poco a poco a la última morada. En la séptima, de repente, la pena se marcha, porque Dios está con el alma («una estancia, adonde solo su Majestad mora, y digamos otro cielo» [7M 1,3]). Allí la paz ya no se quita, se disipa el dolor, porque el fin último del orante son las obras y el alma se entrega por completo al servicio: «no solo no desean morirse, sino vivir muy muchos años padeciendo grandísimos trabajos, por si pudiesen que fuese el Señor alabado por ellos, aunque fuese en cosa muy poca» (7M 3,6).

## VII

Los académicos se han preguntado por el origen de la imagen teresiana de los siete castillos concéntricos. La catedrática puertorriqueña Luce López-Baralt, que continuó la labor de Miguel Asín Palacios en su esfuerzo por relacionar la mística cristiana con la del islam, ha encontrado la alegoría en tres obras sufíes: las *Moradas de los corazones,* de un visionario de Bagdad del siglo IX, Nuri, obra traducida por ella; el *Libro de la profundidad de las cosas*, de Al-Hakim al-Tirmidi, unos años anterior al de Nuri, y el *Diccionario de historia natural*, de Musa al-Damiri, muerto en el año 808. Era, por tanto, un símbolo reiterado en la mística islámica medieval.

Nuri habla de un primer castillo cercado, el del conocimiento místico, que es de corindón; alrededor se abre un segundo, de oro, para la fe en Dios; luego encontramos uno de plata, que es la pureza de intención en la acción y los dichos;

viene después uno de hierro, de la conformidad con el designio divino; el quinto es de bronce y representa la ejecución de lo prescrito por Dios; el sexto es de alumbre y trata del cumplimiento de los mandamientos; el último está construido por barro cocido y es la educación del alma sensitiva (o ego) en toda acción. Aunque el demonio no puede acceder a estos castillos, llama al creyente desde fuera, ladrando, intentando que este se despiste. Cuando eso ocurre y deja de cumplir las reglas que abren cada morada, *Saytan* (el diablo) empieza a colarse en ellas.

El conocimiento intelectual busca la prueba documental de la influencia del sufismo y el gnosticismo islámico en las obras de san Juan y santa Teresa. Para ello, compara metáforas compartidas, imágenes recurrentes, símbolos, como si al cotejar esas huellas se provocara un encuentro vital. López-Baralt estudia, en su edición de las *Moradas de los corazones*, algunas coincidencias asombrosas: los siete castillos concéntricos que reprodujeron en sus obras los místicos musulmanes sirven luego de imagen fundamental en la obra cumbre de santa Teresa; el *qalb* o corazón para el musulmán es similar al alma para la castellana, lugar de concreción de la divinidad, espacio para la fluctuación incesante («el corazón del hijo de Adán se encuentra entre dos dedos de Dios; cuando Él quiere hacerlo fluctuar, lo hace fluctuar», dice el hadiz); es un templo del cambio; por eso cambian, una y otra vez, las metáforas de Teresa sobre el alma humana: paloma, mariposa, gusano de seda, navecita o castillo de diamante. La raíz trilítera *q-l-b* se refiere también al palmito en árabe, símil que utiliza la de Ávila al hablar del carácter concéntrico de las moradas:

> No habéis de entender estas moradas una en pos de otra como cosa en hilado, sino poned los ojos en el centro, que es la pieza o palacio adonde está el rey, y considerad como un palmito, que para llegar a lo que es de comer tiene muchas coberturas. (1M 2,8)

La unión se presenta en san Juan, en santa Teresa y en muchos místicos sufíes como encuentro en un jardín, y el término árabe *maqam*, de uso habitual en la mística islámica para referirse a la estación espiritual que alcanza el peregrino en su búsqueda de Dios (una estación permanente, frente al *hal*, que sería un estado pasajero), parece haber sido el origen del término *morada* empleado por la santa.

Luce López-Baralt plantea una conclusión: «Este lenguaje simbólico compartido debe de haber sido fruto de cientos de años de transmisión paulatina y de diálogo callado sobre suelo peninsular, en el que intervendrían, de seguro, muchas figuras intermedias.» (AL-NURI DE BAGDAD 1999: 51)

## VIII

El estudio académico busca siempre las conexiones entre autores a través de lo documental. Podríamos sugerir, puesto que estamos hablando de una mística y santa Teresa pedía directamente al escribir el dictado de Dios o el soporte de los cielos, que tal vez fuera desde los cielos, por influencia vertical y no, o no solamente, horizontal (en el sufismo se habla de un maestro invisible, Al-Jidr, que transmite sus enseñanzas al corazón del que busca y al que algunas fuentes relacionan con el san Jorge cristiano), desde donde le llegaran esas imágenes tan habituales en el mundo musulmán. Pero eso solo se puede sugerir. El conocimiento intelectual nunca es capaz por sí mismo de abrir la puerta de la siguiente morada. Puede incluso haber oído hablar de todas ellas, pero no es capaz de habitarlas. Porque el conocimiento no es el saber; no es el sabor. La mente separa y no une, incluso cuando quiere unir. El que une es el corazón, en el medio de las potencias intelectuales y las materiales, el órgano de percepción sutil, del encuentro con el uno, el que es en sí un puente porque le da vida a la palabra. Henry Corbin hablaba del corazón de Ibn Arabi como espacio de generación de imágenes teofánicas (CORBIN 1993); James Hillman, de la expresión microcósmica de un sol macrocósmico (HILLMAN 1999); Andrés Ortiz-Osés dice que el corazón es co-razón, razón afectiva (ORTIZ-OSÉS 2003). Y podríamos hablar de él como el órgano que posibilita el conocimiento de las partes desde el saber del todo, el que ama lo diverso porque saborea la unidad, el que vive desde el hallazgo de que la vida tiene sentido, el que es capaz de ver la causa en los efectos, el manantial en el río, y escuchar el silencio en la palabra. Corazón para el sufí o alma para el cristiano, alma para santa Teresa; saber del que ha trascendido la paradoja de la existencia y posibilitado así vivir de verdad, desde la verdad, para la verdad.

La santa de Ávila emplea para escribir su intelecto, pero desde la experiencia de su alma o su corazón. Ha puesto la mente o la razón en su sitio: también al servicio del misterio. Por eso es posible rezar delante de sus textos. El encuentro con ella, desde otra tradición, se da en la medida en que uno se entrega también desde el corazón, sinceramente. Todas las técnicas de oración y todas las formas religiosas no sirven de nada (¡de nada!) si no hay sinceridad en la intención. Porque solo el corazón reconoce al Otro. Porque el corazón, como dijo Ibn Arabi en su célebre poema, el místico que alcanzó la morada de la no morada (especialmente interesantes son los estudios y traducciones del murciano llevados a cabo por Pablo Beneito), llegando a su raíz, hasta el centro más recóndito de sí, se vuelve capaz de todas las formas, florece desde la paradoja.

Y vuelvo entonces a mi experiencia, después de insertar los textos de Teresa en mí. El latido de su palabra es capaz de abrir moradas en mi alma, y eso es lo que importa. «Lo que viene del corazón de un hombre sabio pasa a través de sus palabras directamente al corazón del buscador», dijo Sheij Nazim (ADIL 2008: 97). La vida es desvelamiento, aventura. La realidad no se reduce nunca a nuestra creencia, pero en lo más concreto de nuestra experiencia se pueden escuchar los latidos de Dios. El que abre las paradojas. El que mora en nuestro corazón, cuyo centro es en realidad inalcanzable, aunque a la vez se alcanza a sí mismo todo el tiempo («que va mucho de estar a estar» (1M 1,5), escribió Teresa). Más que moradas con un centro, pozo que se estrecha hacia el fondo pero que no tiene fin. Se estrecha, pero se ensancha. Penetramos cada vez más adentro y siempre descorremos nuevos velos.

Y vuelvo a Teresa. A mi vida y Teresa. Y le doy las gracias porque ella soy yo. Porque sé que me guía y que está contenta con mi conversión. Ella sabe que si nuestro corazón es sincero, cristianismo e islam se vuelven también uno. De ese encuentro, sin pretensión alguna, nace una flor. Dios siempre es y será más grande que ninguna cosa que digamos de Él. Y el entrenamiento del amor pasa por trascender incluso nuestras creencias.

Hoy escribo como ella escribió, la he mirado y se ha vuelto mi espejo y me ha devuelto una imagen más profunda de mí. Ojalá el acto de contemplarla se vuelva, como el de reescribirla, acto de oración. Ojalá se vayan desdibujando nuestras siluetas y se borren para que la realidad nos atraviese. Y ojalá haya dentro de mí la sinceridad suficiente como para que Teresa, tú y yo, nos demos la mano.

## GRACIAS

Para encontrar el camino a casa, es necesario aprender a agradecer. Agradecer todo lo que ocurrió, lo bueno y lo malo, porque tuvo un sentido y porque sirvió para convertirnos en seres más auténticos. Yo podría agradecer el haber estado a todas las personas con las que alguna vez he coincidido, así que me disculpo de antemano porque sé que me quedaré corta.

Quiero dar las gracias de manera especial a Pablo d'Ors, desde un lugar muy profundo, por su generosidad sin pretensiones al escribir un prólogo que no ha hecho sino abrirme puertas. A Ignasi Moreta, por decir sí a la propuesta de publicación y comprometerse con estas palabras. A Luce López-Baralt, que leyó con entusiasmo la primera versión del libro y me animó a publicarlo incluso cuando yo no sabía bien qué hacer con él, y a Abdul Wahid Martín, que nos puso en contacto. Gracias a la Universidad de la Mística de

Ávila y a Javier Sancho, por invitarme a hablar de mi experiencia teresiana en el quinto centenario del nacimiento de la santa, y a Natalia Andújar y Dídac P. Lagarriga, que tuvieron que haber estado allí por mí.

Gracias a Maribel Rodríguez, José Antonio Vázquez, Beatriz Calvo, José Luis Navarro, Javier Esteban, Olga Cebrián, y a todos esos amigos y compañeros de búsqueda comprometidos con favorecer el encuentro entre religiones, tan necesario en estos tiempos.

Gracias a mis padres y a mis hermanas Patri y María, lo suficientemente abiertos como para acoger los cambios que he vivido sin retirarme ni un milímetro de su confianza; gracias por vuestra disponibilidad. A mis cuñados, sobrinos y tíos (Lola me animó a escribir desde siempre); a mis suegros, Donato y Fali, que son como unos padres, y a los demás familiares. Gracias a mis primas Conchi, Bea y Diana, con quienes tantas aventuras abulenses viví, y a mi tía Conchi, a quien me encantaría que le gustara este libro. Gracias, desde la tierra a los cielos, a mis cuatro abuelos, que sé que me protegen y me cuidan desde lo invisible.

Gracias a mis amigos, a mis compañeros de trabajo, vecinos, alumnos, y a mis hermanos sufíes, en particular a Carmen y Hortensia, que han sentido en sus vidas a Teresa tan cerca como yo, y a Jairiya, por aquel viaje galáctico que hicimos hace años a Ávila y a Alba de Tormes junto con Suleika y Fátima. Gracias a Sheij Omar Margarit, cuya conexión con nuestro maestro genera palabras que siempre alimentan, y a Teresa, que ahora es Mariam, y a Bahía, porque la quiero, y a Nur, que antes que sufí fue carmelita y que ha estado conmigo en los momentos en que se fue gestando esta obra. Es bellísimo contar con hermanos espirituales, unidos por la paternidad de un maestro verdadero. Gracias por cada encuentro, por cada *dikr* compartido, por vuestra compañía en los viajes a Chipre.

Gracias a Rafa, mi marido, mi amante, mi compañero de camino, mi amigo. Él me ama y ama lo que hago y cree más en mi literatura que yo; siempre me impulsa, siempre me sostiene cuando dudo. Gracias a mis hijos, tres cuando escribí el libro pero ahora cuatro: Abraham, Omar, Fátima y Moisés. Sin vosotros no me habría enraizado lo suficiente como para florecer. Ojalá pueda amaros por amor a Dios.

Gracias a santa Teresa, por su constante e invisible guía; y a Mawlana Sheij Nazim y Mawlana Sheij Mehmet, mis maestros; mi maestro. Ojalá estas páginas sean dignas de vuestro contento.

Gracias, en definitiva, a la realidad, al Amor, con mayúscula, a Dios, en quien confluyen todos los demás agradecimientos. A la vez océano y manantial de todo río de gratitud. *Alhamdulillah.*

## BIBLIOGRAFÍA

Adil, Sheij Nazim, *Sol Naciente. El despertar de la esencia*, Sereseres, Argentina, 2008.
—, *Islam. La libertad de servir. Discursos, aforismos e historias*, Manuscritos, Madrid, 2008.
—, *Océanos de misericordia*, Manuscritos, Madrid, 2008.
—, *Amor*, Sereseres, Argentina, 2003.
Algazel, *Confesiones*, introducción y notas de Emilio Tornero, Alianza, Madrid, 1989.
Baudino, Abdul Karim, *El eneagrama sufí. Iniciación a las enseñanzas Khwajagan*, Huwa, Rosario / Málaga, 2014.
Corbin, Henry, *La imaginación creadora en el sufismo de Ibn'Arabí*, Destino, Barcelona, 1993.
Herrero Gil, Marta, «Introducción a las teorías del imaginario. Entre la ciencia y la mística», en *ILU. Revista de Ciencias de las Religiones*, núm. 13 (2008), p. 241-258.
—, *39 semanas y media. Un embarazo sufí*, Mandala, Madrid, 2016.
Hillman, James, *El pensamiento del corazón*, Siruela, Madrid, 1999.
Ibn Arabi, Muhyi l-Din, *Los engarces de las sabidurías*, traducción, edición y notas de Andrés Guijarro, Edaf, Madrid, 2008.

—, *El lenguaje de las alusiones: amor, compasión y belleza en el sufismo de Ibn Arabi*, traducción, edición y notas de Pablo Beneito, Consejería de Educación y Cultura: Editora Regional, Murcia, 2005.

Kabbani, Sheikh Adnan, *Haqiqat ul haqqani*, SeresSeres, España / Argentina, 2010.

Kolodiejchuk, Brian, *Mother Teresa. Come be my light. The private writings of the «Saint of Calcutta»*, Doubleday, Nueva York, 2007.

López-Baralt, Luce, *San Juan de la Cruz y el islam*, Hiperión, Madrid, 1990.

Nurbakhsh, Javad, *Jesús a los ojos de los sufíes*, Darek-Nyumba, Madrid, 1996.

al-Nuri de Bagdad, Abu-l-Hasan, *Moradas de los corazones*, traducción del árabe, introducción y notas de Luce López-Baralt, Trotta, Madrid, 1999.

Ortiz-Osés, Andrés, *Amor y sentido. Una hermenéutica simbólica*, Anthropos, Barcelona, 2003.

Roger de Taizé, hermano, *Elige amar. 1915-2005*, Pensar, Publicar, Creer, Madrid, 2007.

Schimmel, Annemarie, *Las dimensiones místicas del islam*, Trotta, Madrid, 2002.

Teresa de Jesús, *Obras completas*, preparadas por el P. Tomás Álvarez, Monte Carmelo, Burgos, 2014.

—, *Libro de las Fundaciones*, edición de Víctor García de la Concha, Espasa-Calpe, Madrid, 1991.

—, *Libro de la vida*, edición de Dámaso Chicharro, Cátedra, Madrid, 2004.

MARDÍA HERRERPO
*Peregrina*

FRAGMENTOS, 67
Primera edición: junio del 2020
272 p. | 19,00 € | 978-84-17796-34-1

«De repente me pongo a correr, como si la mochila no me pesara. Y le voy diciendo adiós a cada roble, adiós a cada hórreo y a cada flecha amarilla. Y canto, otra vez canto, aquel tema de Medina Azahara que tanto le gusta a mi padre: "Necesito respirar, descubrir el aire fresco y decir cada mañana que soy libre como el viento." Porque ese verde, efectivamente, no es de supervivencia. Porque nada es de supervivencia aquí, todo nos trasciende. Y porque de repente me parece como si me estuvieran saliendo alas, la mochila se redujo, dejé de pesar, el cielo está lleno de nubes grises que me llaman. Y me pongo a llorar, libre de toda esperanza. Libre de planes, de añoranzas, de vergüenza y dudas; todos los muros caídos, el bosque adentrándose en mi ciudadela. Atravesada por el camino, dejo un instante de ser yo para ser él. Una curva que rodea una finca protegida por piedras, una cuesta abajo, una vaca, una cacera con agua, ese nogal generoso, una piedra. Me siento desaparecer, de pronto, porque no siento que corro.»

PAUL F. KNITTER

*Sin Buda no podría ser cristiano*

Traducción de Martha Cecilia Vesga de Olsson, Albert Moliner y Carla Ros

FRAGMENTOS, 35
Primera edición: febrero del 2016
416 p. | 26,00 € | 978-84-15518-27-3

¿Es posible abrazar a un tiempo el cristianismo y el budismo sin que el resultado sea un híbrido informe? La indagación espiritual ¿puede beneficiarse al mismo tiempo de las enseñanzas de Jesucristo y de Buda? ¿O hay que entender los mensajes de los distintos líderes religiosos como mutuamente excluyentes?

*Sin Buda no podría ser cristiano* se enfrenta a estas cuestiones con el máximo rigor, pero al mismo tiempo con el aval de la propia experiencia vital. Knitter defiende la necesidad de «mirar más allá de los límites tradicionales del cristianismo para encontrar algo que es de vital importancia en la tarea de comprender y vivir la fe cristiana: las otras religiones». Y ello lo lleva a constatar: «Cuanto más estudiaba otras tradiciones religiosas, más sentía, casi siempre dolorosamente, que mi comprensión de Jesús el Salvador necesitaba renovación y expansión.»